Das Buch

Er war ein Quereinsteiger beim Ministerium des Innern der DDR und ein Shooting-Star unter den Volkspolizisten. Lauter schreibt über die verschiedenen Stationen seines Lebens in der DDR, die immer neuen Herausforderungen und die überraschenden Wendungen, meist von anderen herbeigeführt. Er klärte grausame Mordfälle, erzielte spektakuläre Fahndungserfolge, wirkte maßgeblich mit am Aufbau der Antiterroreinheiten der Volkspolizei und verfasste jene Reisebestimmung, die, vorzeitig bekanntgegeben, zur Öffnung der Mauer führte. Ein lakonischer Bericht über sein »erstes« Leben, das er als Diplomjurist begann und als Oberst der VP beendete.

Der Autor

Gerhard Lauter, geboren 1950 in Dresden, begann nach dem Jura-Studium als Leutnant bei der Volkspolizei in Leipzig. Mit 24 Jahren war er einer der Leiter der Zentralen Antiterroreinheit der Volkspolizei, mit 33 Fahndungschef der Kriminalpolizei, mit 39 Leiter des Pass- und Meldewesens der DDR. Keine vierzig, und der Oberst der VP arbeitete unter dem letzten Innenminister Peter-Michael Diestel. Nachdem am 2. Oktober 1990 im MdI der DDR die Lichter ausgegangen waren, zog Lauter nach Leipzig, wo er Jura studiert hatte, und eröffnete dort eine Rechtsanwaltskanzlei. Als er stetig seine Sehkraft verlor, musste er auch diese Tätigkeit beenden.

W0236463

Gerhard Lauter

Chefermittler

Der oberste Fahnder der K
in der DDR berichtet

edition ost

Inhalt

29. Dezember 2009

Mir ist dunkel. Trotz aller Augenauswischerei sehe ich die gewohnten Wege in der Wohnung nur schwer. Ich stoße überall an. Es wird nicht besser. Auf meinem Nachttisch liegen nach wie vor die Bücher meines Vorabends, einer meiner absoluten Lieblinge »Der König David Bericht« von Stefan Heym. Ich erinnere mich an eine Diskussion zwischen Kurt Wallander und seiner Tochter Linda. Nachschlagen wollte ich noch einmal in der »Sowjetischen Mafia«, gewiss jedoch nicht unmittelbar vor dem Einschlafen – der Stoff hätte mich viel zu sehr aufgeregt. Mich hatte der schockierende Text auch deshalb so bewegt, weil ich einige der tatsächlich führenden Protagonisten einst persönlich kennengelernt hatte. Doch dazu später.

Zunächst packte mich Entsetzen. Grauen heißt offenbar, alles nur noch grau zu sehen. Die Titel auf den Buchrücken waren nur noch Schemen, die Textzeilen für mich in unendliche Ferne gerückt.

Lesen zu können gehörte für mich seit eh und je zu unveräußerlicher Lebensqualität, die Verinnerlichung oder Ablehnung fremder Gedanken und Phantasien. Und ohne Lesen ist mein Broterwerb als Anwalt ganz und gar unmöglich. Als Strafverteidiger muss ich meine »Tröndle Fischer« und »Meyer-Goßner«, die grundlegenden Werkzeuge meine Handwerks, einfach lesen können. Sie sind im Übrigen für Besitzer eines Mikroskops ausgelegt. Ja, und ab und an ist auch für Juristen ein Blick in Gesetze oder Grundsatzurteile ganz nützlich. Ergo, keine erquickliche Situation. Nein, wirklich nicht.

Es war eine der schlimmen Situationen meines Lebens. Mein Weib, schön wie der Morgen, Kollegin und Freundin, konnte diesmal meine Ängste nicht verjagen und verfrachtete mich terminlos zu einem Augenarzt, der mich nach gehöriger Wartezeit als Akutfall schließlich untersuchte. Bei einem Augenarzt war ich letztmalig zu Zeiten gewesen, als meine Tauglichkeit für polizeiliche Antiterroreinsätze regelmäßig gecheckt wurde.

Dr. Mättig konstatierte, dass meine Augen in Ordnung seien – nur sehen konnte ich kaum. Und das Unheil nahm seinen Lauf. Einer sofortigen Einweisung in die Universitäts-Augenklinik Leipzig folgten zehn Tage intensiver Untersuchungen mit dem Resultat, dass meine Augen o. k. wären, jedoch sei der Durchsatz durch die Sehnerven vermutlich irreversibel und aus nicht zu klärenden Gründen gestört, mein Hirn empfange nun nicht mehr genügend Informationen über meine wichtigsten Sinnesorgane.

Meine ersten Gedanken waren: Wie kannst du in den anstehenden Gerichtsverfahren bestehen, wie bringst du als Dozent den begonnenen Rechtsunterricht zu Ende? Und vor allem, was kommt danach?

Zunächst aber galt es, die Widerstände im Alltag zu überwinden: Fußgängerampeln, Schalter von Waschmaschinen und Elektroherden, Türschlösser. Für einen plötzlich Sehschwachen stecken diese leblosen Gegenstände voller Heimtücke.

Ein halbes Jahr habe ich gebraucht, und die kleinen Zusprüche vieler Freunde. Mein politischer und sehr menschlicher Freund Dr. Volker Külow forderte ganz schlicht von mir: Schreibe! Du warst dein halbes Arbeitsleben lang Polizist, Kriminalist, hast schwere Verbrechen untersucht, warst ein Pionier der Antiterror-

Gerhard Lauter, 2010

einheiten der Polizei der DDR, warst Ghostwriter des Polizeichefs dieses kleinen Landes, Fahndungschef der Polizei, Untersuchungschef der Kripo, hattest sehr persönlich mit dem Mauerfall und der Abschaffung der innerdeutschen Grenzen zu tun und bist in der zweiten Hälfte deines Arbeitslebens Anwalt, Strafverteidiger. Und zudem hast du die politische »Wende« an ganz entscheidenden Stellen miterlebt. Du schreibst, lautete seine appellative Aufforderung.

Nach guter Überlegung und eitler Ziererei schreibe ich jetzt, zuerst für mich und dann vielleicht dafür, dass manch Spannendes aus »meiner« Zeit nicht verloren geht. Nicht alles hat es verdient, öffentlich mitgeteilt zu werden. Bei diesen Überlegungen focht mich an, dass mein Arbeitsleben deutlich um Verbrechen und Kriminalität kreise, vielleicht das bizarrste und widersprüchlichste Verhältnis von Menschen zueinander. Ich habe dieses spannende Konfliktfeld von beiden Seiten gesehen: als Untersucher von Straftaten und Fahnder nach Tätern als auch als Verteidiger in Strafverfahren. Aber noch wurde bei mir keine Schizophrenie diagnostiziert.

Warum aber fasziniert das Genre des Verbrechens so unzählige Leser, Hörer und Zuschauer? Ich gehe davon aus, dass hier zwischenmenschliche Konflikte auf einer Skala von raffiniert bis brutal eskalieren. Spannender als in der Strafverfolgung kann es im Leben eigentlich nicht zugehen. Hauptsache, man steht auf der richtigen Seite. Die Benennung steht für sich. Aber irgendwann und irgendwo hatte alles seinen Anfang. Der ewige Streit zwischen Genetik und Pädagogik – von wem hat er das bloß? – ist absehbar nicht entschieden. Meine Generation muss mit diesem Patt leben.

Als gelebter und gelernter DDR-Bürger war mir fast alles anerzogen, die Gesellschaft determinierte das Individuum. Irgendwann stürzte die Bedeutung der Desoxyribonukleinsäure diese These, und fast alles war vererbt. Ich neige dazu, die Wahrheit irgendwo in der Mitte zu sehen. Also wird es sich lohnen, einen Blick ins Elternhaus zu werfen. Vielleicht weiß man dann besser, wie, wer und was man geworden ist. Die eigenen Schandtaten soll dann gefälligst die nächste Generation verurteilen.

Woher ich komme

Normalerweise halte ich beim Lesen von Biografien nicht allzu viel von Familiengeschichte, interessiert mich doch der Mensch, um den es geht. Beim Überdenken der nachfolgenden Seiten wurde mir jedoch schnell klar, dass ich mich nicht aus einem Vakuum heraus erfunden habe, und ich erkannte die Selbstverständlichkeit, dass ich ohne Mutter und Vater nicht wäre. Und wenn ich selbst für einige historische Augenblicke Zeitzeuge wurde, waren es meine Eltern bereits vor mir.

Viel, viel früher.

Im Geburtsjahr meines Vaters, dem kriegsträchtigen Jahr 1914, wird der Vater meiner Mutter, Franz Müller, zur Reichswehr eingezogen. Der engagierte Schweizer Sozialdemokrat hatte sich kurz zuvor in Deutschland einbürgern lassen, weil er sich in der Eidgenossenschaft einen Sozialismus wohl nicht vorstellen konnte. Vielleicht hat er Recht gehabt.

Nach meiner Kenntnis war er in der Weimarer Republik Vorsitzender der Wehrorganisation der SPD »Reichsbanner Schwarz-Rot-Gold« in Sachsen. Aus seiner Ehe mit der Altsozialdemokratin Helene stammt meine Mutter.

Opa Franz floh vor den Nazis 1933 ins südamerikanische Exil. Dafür sperrte man seine Frau Helene in den Kaßberg, das Gefängnis von Chemnitz. Dort lernte sie kurioserweise ihren späteren Schwiegersohn, meinen Vater, der dort mit 19 Jahren als jüngster politischer Gefangener einsaß, bei der Essenausgabe kennen. Obwohl seine ganze Familie im Osten Deutschlands lebte, kehrte Großvater Franz dorthin nicht wieder zurück. Er lebte bis zu seinem Tod am Rhein und arbeitete im Ostbüro der SPD in Bonn. In die »Zone« wollte er nicht, er hatte Angst vor den »Russen«.

Ich erinnere mich an einen einzigen Besuch bei meiner Familie in Leipzig, an eine Schachtel Westbuntstifte und Geschichten aus Südamerika, wobei mir die über Erdbeben am abenteuerlichsten erschienen. Mit Verblüffung erfuhr ich von meinem Großvater, dass man in Mexiko Tomaten auch mit Zucker isst.

Meine Familie durfte aufgrund der politischen Funktionen meines Vaters keinen Kontakt zum Vater meiner Mutter halten, und es gab auch keinen mehr. So hatte ich zwar einen gebürtigen Schweizer in der leiblichen Verwandtschaft, aber das nicht wirklich.

Das Leben meines Vaters Hans Lauter, Jahrgang 1914, ist ein eigenes Buch wert. Seine erstaunliche Biografie hat mich maßgeblich geprägt, wahrscheinlich weit mehr als ein auch ansonsten schon wichtiges Vater-Sohn-Verhältnis.

Geboren in einer tatsächlich armen Familie im Süden von Chemnitz, musste er bereits als Kind »beim Bauern« arbeiten gehen. In der Schule erhielt er eine Begabtenförderung – so etwas gab es in der Weimarer Republik –, und er war ein begeisterter Sportler, organisiert im Arbeitersport. Er stand im Fußballtor und im Winter auf Skiern. Über den Arbeitersport wurde er politisiert – und das lebenslänglich. Er schloss sich dem Kommunistischen Jugendverband an, wurde schnell Funktionär. 1933 wurde er zum ersten Mal verhaftet und verbrachte zwei Jahre im Gefängnis. 1935 nahm er an einem Kongress der Jugendkomintern in Moskau teil, von dem er als Illegaler nach Deutschland zurückkehrte, um in Sachsen eine Widerstandsgruppe aufzubauen. Bald darauf wurde er von der Gestapo festgenommen und vom sogenannten Volksgerichtshof zu Zuchthaus und anschließender Sicherungsverwahrung verurteilt. Das Zuchthaus hieß für ihn Waldheim, die Sicherungsverwahrung Knochenarbeit in den Emslandlagern als Moorsoldat.

Ich habe Vater zweimal zu den jährlichen Treffen ehemaliger Moorsoldaten begleitet und bekam allein bei den Gedanken daran Gänsehaut.

Im Frühjahr 1945 verlegte man ihn ins Polizeigefängnis nach Dresden. Die Häftlinge wurden in der zerstörten Stadt zum Entschärfen von Blindgängern eingesetzt. Dort gelang ihm die Flucht, er konnte sich bei entfernten Verwandten verstecken und stellte sich der herannahenden Roten Armee. In Chemnitz organisierte er für die KPD den Zusammenschluss mit der SPD.

Für die Sozialdemokraten tat es die junge Genossin Gertrud Müller. Beide vereinigen sich gleich mit. Meine Eltern haben nie von einer Zwangsvereinigung gesprochen.

Recht schnell tauchte Vater in der Landesleitung der Partei in der sächsischen Hauptstadt auf. Dort, in Dresden, wurde 1947 meine Schwester Käthe und zweieinhalb Jahre später auch ich geboren.

Vater war einer der ersten Absolventen der Parteihochschule beim ZK der SED; ich habe das später nachgeahmt. Im Jahr 1950, auf dem III. Parteitag der SED, wurde Vater zum Sekretär des Zentralkomitees gewählt, verantwortlich für Fragen der Wissenschaft und Kultur. Zuletzt, am Ende der SED, übte diese Spitzenfunktion Prof. Kurt Hager aus, den ich, natürlich mit anderen, als Mitglied der Schiedskommission im Januar 1990 aus der Partei ausschließen sollte.

Irgendwann zog die Familie nach Berlin und landete in einer Villa am bekannten Majakowskiring in Pankow. Dort siedele ich meine ersten Kindheitserinnerungen an.

1953 wurde Vater mit anderen führenden Funktionären aus der Partei »ausgestoßen«. So stand es jedenfalls unter der Überschrift »Die Partei wird stärker, wenn sie ihre Reihen säubert« in der *Einheit*, der theoretischen Zeitschrift der SED. Vater, der viel über Widerstand und Haft berichtete, erzählte über die für ihn vielleicht schmerzlichste Lebensperiode so gut wie nichts. Der unhaltbare Vorwurf, in der Illegalität Genossen verraten zu haben, traf ihn zutiefst.

1969 war ich in den Semesterferien mit meiner Freundin in Prag. Eines meiner Ziele war der jüdische Friedhof. Ich wollte unbedingt das Grabmal von Rabbi Löw, dem sagenhaften Erbauer des Golems, sehen und hatte mir extra ein kleines Steinchen aus Leipzig mitgenommen. Uns sprach ein älterer Rabbiner an, woher wir kämen, und wir sagten, aus der DDR, aus Leipzig. Er wandte sich mit den Worten ab: »Ihr Faschisten!«

Ich brauchte eine Weile, bis ich begriff: er meinte den August 1968. Er hatte mich tief nachdenklich zurückgelassen, und ich habe diese für mich erschütternde Begegnung als Sohn eines erklärten und überzeugten Antifaschisten nie vergessen. So also fühlte es sich an, wenn man zu Unrecht beschuldigt wurde.

Die Familie zog nach Vaters Ausschluss aus der Parteiführung nach Leipzig, meine Mutter ging zu jener Zeit mit meiner jüngeren Schwester Ilse hochschwanger. Vater wurde Dozent am Franz-Mehring-Institut der Karl-Marx-Universität und arbeitete an seiner Dissertation über Fragen der internationalen Arbeiterbewegung. 1958 wurde er politisch vollstän-

Familie Lauter auf dem Balkon der Wohnung in Leipzig: Ilse, die Jüngste, auf dem Arm des Vaters, links außen Schwester Käthe

dig rehabilitiert und zum Sekretär der SED-Bezirksleitung mit den gleichen Aufgaben wie in Berlin gewählt.

Ich erlebte ihn fortan fast nur in den Urlauben, ansonsten an irgendwelchen Referaten arbeitend, Dokumente studierend, immer ruhig, persönlich bescheiden, nie laut. Er war äußerst belesen. Auf seinem Nachttisch lagen oft Schiller oder Lessing, den er ganz besonders schätzte.

1969 wurde Vater als Sekretär der SED-Bezirksleitung unter abenteuerlichen Umständen abgesetzt. Ich war zu jenem Zeitpunkt bereits selbst Parteimitglied und Student an der Karl-Marx-Universität, ich spürte das völlige Unverständnis unter den Wissenschaftlern über diesen Rauswurf. Mir war es ohnehin nie klargewesen, wie mein Vater, der sich in seiner wenigen Freizeit mit Fragen des Humanismus und der Ästhetik beschäftigte, unter dem »Roten Zar von Leipzig«, wie der allmächtige 1. Sekretär der Bezirksleitung Paul Fröhlich hinter vorgehaltener Hand genannt wurde, so lange hatte arbeiten können. Fröhlich war für mich der Ausbund eines Stalinisten. Aber er war Kandidat des Politbüros, und er vertrat die Heimatstadt Walter Ulbrichts. Ihm gefiel das kollegiale Verhältnis meines Vaters zu den Wissenschaftlern, dessen Geradlinigkeit, sein ihm weit überlegenes Wissen und die Unfähigkeit zur Lüge überhaupt nicht. Das konnte auf Dauer einfach nicht gut gehen. Ich erinnere mich an den Bericht der *Leipziger Volkszeitung* über die entsprechende Tagung der SED-Bezirksleitung. Dort hieß es im Kleingedruckten: »Das Bauwesen im Bezirk Leipzig hat den Monatsplan für Oktober nicht erfüllt. Genosse Hans Lauter wurde als Sekretär der Bezirksleitung abberufen.«

Dafür konnte Vater nun wahrlich nichts.

Für ihn folgte ein möbliertes Zimmer im damaligen Karl-Marx-Stadt, bis er für sich, seine Frau und meine jüngere Schwester eine Wohnung »erhielt« und an der dortigen Technischen Hochschule neu startete – mit fast 60 Jahren promovierte er über Fragen der Ästhetik in der Datenverarbeitung. Später wurde er zum Professor an der TH berufen. Er blieb sich politisch treu und engagierte sich nach der »Wiedervereinigung« in der Vereinigung der Verfolgten des Naziregimes – Bund der Antifaschistinnen und Antifaschisten. 2008 wurde er gemeinsam mit Esther Bejarano zum Ehrenvorsitzenden der VVN/BdA gewählt.

Seit einigen Jahren lebt mein Vater bei meiner Schwester Ilse in Leipzig, war bis vor kurzem noch mit Vorträgen, insbesondere vor Schülern, ziemlich ausgelastet und ist nach wie vor an den aktuellen Entwicklungen rege interessiert. Ich habe ungeheuren Respekt vor seinem Leben und seiner Lebensleistung. Vielleicht ist diese Kurzbiografie auch ein Schlüssel zum Verständnis dafür, welch wundersame Wendungen mein Leben bislang genommen hat.

Statt Chemie in Baku
Paragrafen in Leipzig

Für alles, was bis hierher stattgefunden hat, kann ich recht wenig. Ich wurde im Friedrichstädter Krankenhaus in Dresden geboren, geriet als Kleinkind nach Berlin, vierjährig nach Leipzig, das ich als meine Heimatstadt betrachte. Irgendwie kam unmerklich die Zeit, auch selbst zu beginnen, Verantwortung für sein Leben, für sich selbst und langsam für andere zu übernehmen. Das Elternhaus war, wie zu vermuten war, stark politisch geprägt, aber auch kulturell. Mutter als Familienherrscherin führte uns Kinder schon früh zu klassischer Musik, literarisch zu Feuchtwanger, Tralow, später zu den Manns. Wir Kinder übten ein wenig auf dem Klavier bei einer älteren Lehrerin, Fräulein Martha Krause, gleich im Nebenhaus, und ich höre sie noch heute: »Gerhard! Gis, nicht Fis!« und spüre ihre geschmeidigen Finger auf meinen widerwilligen Händen.

Stets hatten wir drei Geschwister das monströse Völkerschlachtdenkmal zu Leipzig vor Augen – wir wuchsen in seiner unmittelbaren Nähe auf. Dieses unheimliche Bauwerk überschattete im wahrsten Sinne des Wortes meine Kindheit.

Die ersten acht Jahre an unserer Grundschule, später an der Polytechnischen Oberschule, fielen uns nicht sonderlich schwer. Schwester Käthe arbeitete überschüssige Intelligenz und körperliche Kraft in ersten Pionierfunktionen und in verschiedenen Sportarten ab. Ich war eher introvertiert, verträumt, körperlich stets einer der Kleinsten der Klasse, ängstlich, und ich verlor mich zu gern in Tagträume. Kein Stück Papier war vor mir sicher, das ich nicht bemalt hätte: Ich ließ meiner Fantasie freien Lauf.

»Gerhard neigt zum Fabulieren«, schrieben meine Klassenlehrer wiederholt in die jährlich auf den Zeugnissen zu erteilenden Beurteilungen. Mit Hineinwachsen in die Pubertät begann nun endlich auch das ersehnte Wachstum, ich wurde fast sportlich und meldete mich im Hockeyverein auf dem benachbarten Sportplatz an. Da ich auf dem Feld zu langsam war, stellte man mich ins Tor, und ich stand auch einige Jahre dort bei »Einheit Zentrum« immerhin unter der Aufsicht des DDR-Nationaltorwarts. Das Leben war also nahezu perfekt. Zu Hause Bücher ohne Ende, ein eigenes Zimmer, Training und Spiele im Sport, Teilnahme an Chemie- und Russischolympiaden im Bezirksmaßstab. Na ja, das mit dem Klavier war wohl nicht so perfekt.

Mit dem Fahrrad waren Badeteiche zu erreichen, und im Sommer fanden die Familienurlaube zumeist an der Ostsee statt, im Winter im Erzgebirge. Gewiss war ich manchmal ein wenig neidisch, wenn Schulfreunde »echte« Jeans trugen oder die seinerzeit so beliebten Nylonkutten, in der DDR »NATO-Planen« genannt. Nicht einmal West-Fernsehen gab es in meinem Elternhaus, aber das habe ich nicht als wirkliches Defizit meiner Kindheit empfunden.

Vielleicht ist es tatsächlich wahr, dass es aller sieben Jahre im Leben eines Menschen eine Zäsur gibt. Etwa mit sieben Jahren kommt man in die Schule, mit 14 ist man pubertär und muss sich für weiteres entscheiden, und sieben Jahre später ist man erwachsen, vielleicht. 1964 war für mich das Jahr der Jugendweihe und Bewerbung zu einer Schulbildung mit dem Abiturabschluss. Damals stellten sich die Bildungsweichen in der DDR in etwa so: Gehörte man zu den vier, fünf Leistungsbesten seiner Klasse 8, hatte man eine sehr gute Chance, auf die Erweiterte Oberschule delegiert zu werden, um dort mit dem Abschluss der 12. Klasse das Abitur als Voraussetzung für ein Universitäts- oder Hochschulstudium zu erwerben. Die Verbliebenen schlossen die Schule mit der 10. Klasse ab. Das galt als Voraussetzung für ein Fachschulstudium oder eine qualifizierte Facharbeiterausbildung. Es gab auch noch den kurzen Umweg über eine dreijährige Berufsausbildung nach der 10. Klasse, um zum völlig gleichberechtigten Abitur zu kommen.

Es gab ferner Abendschulen und Volkshochschulen; also verdammt viele Bildungsmöglichkeiten. Meine Situation war ziemlich deutlich: ich hatte die gute Chance, direkt zum Abitur zu marschieren. Doch die

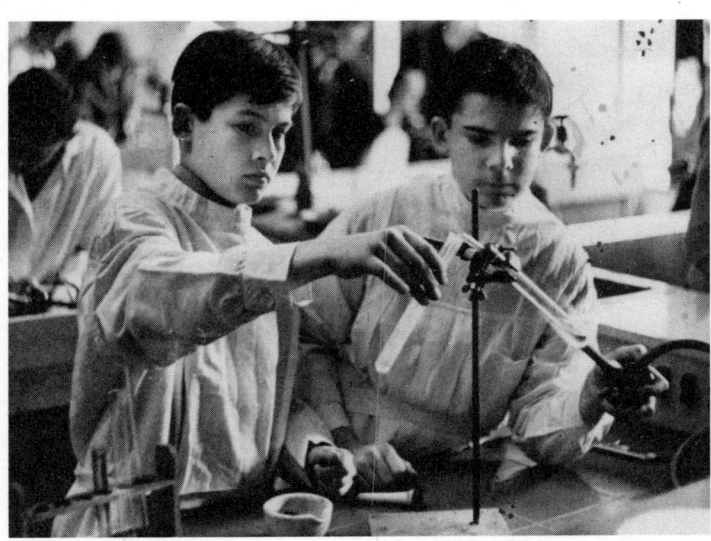

Bei einer Chemie-Olympiade mit Schulfreund Thomas Neumann (l.), der Nuklearmediziner wurde

Bildungsexperimente der DDR hatten gerade für meine Generation eine Besonderheit eingeführt. Jeder Schüler, der in der 12. Klasse sein Abitur ablegen wollte, musste zwischen 1962 bis 1970 in seinen vier Jahren an der EOS auch einen Facharbeiterberuf erlernen. Nun war Familienrat gefragt.

Zunächst gab einen A-Zweig auf den Erweiterten Oberschulen, zumeist mit Polnisch- oder Tschechischunterricht gewürzt, einen naturwissenschaftlichen B-Zweig und einen altsprachlich orientierten C-Zweig mit Latein und Altgriechisch. Meine Schwester Käthe besuchte bereits seit zwei Jahren die Humboldt-EOS, heute Gymnasium mit gleichem Namen, in einem B-Zweig, lernte Chemielaborantin und hatte Lateinunterricht. Ich wusste so einiges über Humboldt-EOS, bewarb mich dort im B-Zweig mit der Berufsausbildung als Maurer und hatte gleichfalls mein kleines Latinum.

Nicht unerwartet wurde ich angenommen, und es begannen meine dritten sieben Jahre. Also: Maurer mit Latein und Abitur und noch keinem klaren Berufswunsch. Diese Welt stand nun ein Stück weit offen, solange es die DDR war. Plötzlich wuchs ich um etliche Zentimeter, war endlich nicht mehr einer der Kleinsten meines Jahrgangs, ich stand nicht ohne örtliche Erfolge auf der Judomatte, richtiger: Tatami. Und als ich zum Tanzstundenball meinen Jugendweiheanzug anziehen sollte, brach Mutter in Tränen aus. Das gute Teil war an Ärmeln und Hosenbeinen um 15 cm geschrumpft, es musste auf der Stelle ein neuer her und die Haushaltskasse hatte dies nicht vorgesehen.

Aber es war eine gute Zeit mit einer festen Freundin, viel Sport, viel Kultur, der Besuch des Gewandhauses zu Leipzig war noch erschwinglich, in den

Kinos drückte man sich mit seiner Freundin in die hintersten Reihen und mein Engagement in der FDJ habe ich nie als Zwang oder gar als lästig empfunden. Bei zwei Wochen Schule und alternierend einer Woche Berufsausbildung flog die Zeit nur so dahin.

Auf dem Bau wurden wir »Intellektuellen« ziemlich hart angefasst. Frisch gebrannte Ziegel von Lkw abladen, ausdrücklich ohne Handschuhe, oder Schubkarren mit Mörtel schwankende Gerüstplanken herauffahren, das waren weniger lustige Verrichtungen. In meiner Erinnerung war für mich die unangenehmste Übung, in den Wintermonaten sehr zeitig in einen Bauwagen zu klettern und die nicht mehr saubere, dafür kalte und klamme Maurerkluft überzuziehen. Aber wenn ich später durch Leipzig ging und sah, dass einige Bauten, an denen ich mitgewerkelt hatte, immer noch standen, durchströmte mich ein gutes Gefühl: ein Industriebau in der Bitterfelder Straße, ein Kindergarten in der Hohen Straße, die Sporthalle in der Leplaystraße, und alles Stein auf Stein. Es sind kleine Geschichten. Wir mauerten als Abiturschüler ein Umkleidehaus am Leipziger Auensee. Dort sah ich meine Schulfreundin und spätere Ehefrau zum ersten Mal nackt. Das prägte deutlich. Doch unsere Ehe gibt es nicht mehr wie auch dieses Badehaus. Der See ist biologisch umgekippt. Bei einem Landeanflug auf Leipzig war ich erschrocken darüber, wie grün ein Gewässer werden kann.

Doch es kam unwiederbringlich die Zeit, sich für ein Studium zu entscheiden. Die Mehrheit meiner Mitschüler wählte Bauwesen, was sicher auch Sinn des nur wenige Jahre währenden Schulexperiments war. Christoph, der Pfarrerssohn, studierte Medizin, unsere Klassenbeste Konstanze ging an die Hochschule für Grafik und Buchkunst, und ich wusste immer noch nicht, wo ich mit meiner Maurerlehre und dem kleinen Latinum hinsollte. Vermutlich provoziert von meiner großen Schwester, die auf gleichem Wege wie ich einen Beruf gelernt hatte – sie legte ein glänzendes Abitur ab und wurde zeitgleich Chemielaborantin –, trieb mich pure Abenteuerlust. Viermal hatte mich im Fernsehen ein Dokumentarfilm gefesselt. Er handelte vom verrückten Leben der Arbeiter und Ingenieure auf Neftanyje Kamnie, einer Erdölbohrinsel vor Baku im Kaspischen Meer. Ich träumte davon, dort meinen unwiderstehlichen Drang zum Meer und zugleich meine Bodenhaftung vermählen zu können. Und ich war 17.

In Baku konnte man tatsächlich Petrolchemie studieren, und genau das wollte ich. Für Auslandsstudien gab es in der DDR ein streng geregeltes Verfahren, wobei als Ausland natürlich der Bereich des RGW herhalten musste. Und das noch nicht ganz: ein technisches Studium in Ulan-Bator war überhaupt nicht vorgesehen. Also bewarb ich mich zur Vorbereitung eines Auslandsstudiums an der Arbeiter- und Bauernfakultät II in Halle an der Saale. Dies hätte bedeutet: die 12. Klasse und das Abitur in Russisch, Mathematik, Biologie, und Wohnen im Internat.

Offensichtlich überzeugten mein Allgemeinwissen und mein anerzogener wie erworbener Internationalismus die Prüfungskommission, mich auch so hinlänglich für Baku tauglich zu halten. Petrolchemie war ohnehin ein Renner in den Plänen der Volkswirtschaft. Aber es sollte alles ganz anders kommen.

Irgendwann 1967, mein Umzug nach Halle war schon vorbereitet, wurde ich in die SED-Bezirksleitung Leipzig einbestellt. Dies war für mich eine Machtinstitution, für einen jungen Sozialisten gab es da kein Vertun. Wenn *die Partei* rief, die stets Recht hatte, kam man dem mit Freuden nach. Zumal mein Vater dort Sekretär war. Wenn also der Leiter der Abteilung für Sicherheitsfragen mich zu sprechen wünschte, würde es dafür Gründe geben. Natürlich nahm ich pünktlich Platz vor Walther Wittig, dem Menschen mit den braunsten Augen, die ich je gesehen hatte.

Walther erklärte mir, als wär es beschlossene Sache (was gewiss auch zutraf): »Wir haben gehört, du willst bei den Freunden studieren. Du hast zwar die Leistungen dafür, aber wir finden die Idee nicht so gut. In den nächsten Tagen nimmt jemand mit dir Kontakt auf, der heißt Horst, und macht dir einen anderen Vorschlag.«

Ich kann mich nicht mehr daran erinnern, wie »Horst« mit mir Kontakt aufnahm. Es war wohl ziemlich unspektakulär.

Er eröffnete mir, dass »man« vorgesehen habe, mich im Ministerium für Staatssicherheit einzustellen. Es fiel der Begriff »Spionageabwehr«, der bei mir abenteuerliche Fantasien auslöste: in einem nebelverhangenen Eichenwald, eine Pistole umklammernd, mitternächtlich spionierende Finsterlinge festnehmen … Das entsprach den Erwartungen eines spätpubertären 17-Jährigen bei dieser Offerte.

Die Erklärung für dieses frühe Treffen mit einem Auserwählten war weniger romantisch und sehr politisch-profan. Es sei Ehre und Pflicht, zu den Trägern von Schild und Schwert der Partei gerufen zu werden. Dieses Glück gebühre nur den Besten der Besten. Und Spionageabwehr sei seit Felix Edmundowitsch Dzierzynski die Krönung von Geheimdienstarbeit schlechthin.

Emotional ging es mir in dieser Situation wie streng gläubig Erzogenen, die in ein hohes Priesterseminar aufgenommen wurden.

Die Entscheidung brauchte gar nicht getroffen zu werden. Ich war halt in einer Parteisoldatenfamilie aufgewachsen und geprägt worden. Das Kaspische Meer würde sein Öl auch ohne mich loswerden.

Heute weiß ich natürlich, dass es dem MfS nicht darum ging, einen Chemiker zu verhindern, sondern einen Kader zu gewinnen, den man für fähig hielt. Die Ministerien der stets arbeitskräftemüden DDR wachten eifersüchtig über die wenigen Auslandsstudenten und gaben anschließend diese nicht her. Selbst dem Ministerium für Staatssicherheit wäre es kaum gelungen, einen Absolventen einer sowjetischen Universität abzuwerben. Zumal die Gefahr bestand, dass dieser bereits vom KGB verpflichtet worden und damit fürs MfS tabu war. Daher rührte also der Druck auf meine Studienbewerbung.

Natürlich war Baku nicht mein einziger Favorit. Meine zweite oder dritte Liebe galt dem Sport. Voller Naivität kannte ich die internationalen Rekorde in der Leichtathletik, im Schwimmen, hatte Medaillenspiegel im Kopf, was im Prinzip nutzlos war. Für viele Jahre war die Sportseite der *Jungen Welt* meine erste Morgenlektüre. Sportjournalistik hatte für mich etwas vom Mythos des Sportlerruhms und auch der Sehnsucht nach fremden Ländern und Kulturen. Ich denke, ich hätte über ein Volontariat in einer Redaktion den Weg an die Leipziger Journalistenfakultät ziemlich locker gefunden. »Horst« vom MfS aber war schneller. Der Zug hinter den Kaukasus war längst abgefahren, und der Reportagewagen wurde gar nicht erst auf die Schienen gesetzt. »Horst« setzte mir die

Pistole auf die Brust: »Wir wollen, dass du Jura studierst. Du musst dann keinen Wehrdienst ableisten. Wir bekommen dich mit der Vorverpflichtung, die du jetzt unterschreibst, davon frei, und du wirst bei uns als diplomierter Jurist gleich als Offizier eingestellt.«

Dies war der Deal: das Studium der Rechtswissenschaften an einer der ältesten deutschen juristischen Fakultäten gegen Wehrpflicht.

Meinen Eltern erzählte ich nichts. Ich hielt mich an die mir auferlegte Schweigepflicht. Jeder Geheimdienst der Welt hätte seine Freude an mir gehabt. Mutter und Vater nahmen meinen unerwarteten Studienwunsch nicht sonderlich erfreut auf. Ein Jurist war ein verknöchertes Wesen, weit weg vom Leben. Für Mutter bedeutete Justiz Verhaftung ihrer Mutter, deren Haft bei den Nazis, für meinen Vater zehneinhalb Jahre Zuchthaus und Moorlager.

Ich bitte um Verständnis, dass die Biografie meines Vaters meinen eigenen Lebenslauf überschattet. Als Kind hatte ich den Wechsel von Berlin nach Leipzig überhaupt nicht begreifen können. Den Umzug meiner Eltern nach Karl-Marx-Stadt schon. Selbst als junges SED-Mitglied erfuhr ich schmerzlich, dass die Welt des realen Sozialismus nicht so heil war, wie sie im *Neuen Deutschland* stand. Aber noch immer stand vor mir das hehre Plakat Spionageabwehr als Entschädigung für die Aufnahme eines juristischen Studiums.

»Horst« hielt Wort, ich wurde gnadenlos ins Jurastudium integriert, obwohl ich ihm mehr als skeptisch gegenüberstand. Richter oder Staatsanwalt in der DDR zu werden, war kein wirkliches Lebensziel für Jugendliche, es hatte etwas Abschreckendes. Wer wollte es schon mit dem ursteinigen BGB oder dem Strafgesetzbuch noch älteren Datums zu tun haben? Nun gut. Also dorthin, wo schon Johann Wolfgang von Goethe, Karl Liebknecht und Hans-Dietrich Genscher vor mir studiert hatten.

Familiär war es eine verrückte Zeit. Die Eltern entführten meine kleine Schwester nach Karl-Marx-Stadt, meine große Schwester verschwand im Staatsdienst im Ausland, und ich hatte weder Bett noch Tisch in »meinem« Leipzig. Ich zog in einiger Not zu den Eltern meiner Schulfreundin Monika nach Leipzig-Gohlis. Viel mehr als zwei Koffer und ein Fahrrad umfasste meine Habe nicht.

Fast zwangsläufig habe ich Monika auch geheiratet, wir waren 19, und die Ehe bestand zwei Jahre. Monika war im französischen Massif central geboren, im Departement Mende. Ihr Vater, aus Leipzig stammend, war als Wehrmachtflieger dort abgeschossen worden und lebte ebendort als *ouvrier libre* noch Jahre nach dem Kriege. »Horst« störte diese Verbindung nicht wirklich. Bei unseren sehr seltenen Treffs während meines Studiums, die zumeist in den Besucherräumen der Bezirksverwaltung für Staatssicherheit im Dittrichring 24 stattfanden, heute als »Runde Ecke« bekannt, sagte er dazu nichts.

Langsam fand ich an meinem Studium Gefallen, lernte zu begreifen, dass sich Recht mit Lebenssachverhalten auseinandersetzt. Ich war mir dennoch sicher, kein Jurist werden zu müssen, ich hatte ja die Eintrittskarte zum geheimnisvollen MfS in der Tasche. Im Innersten war ich stolz darauf, zu den Auserwählten zu gehören.

Ich hatte fantastische Lehrer: Professor Such im Wirtschaftsrecht, Karl Bönninger, gemaßregelter Verfechter des Verwaltungsrechts, das es in der DDR nie einklagbar gab, Professor Orschekowski, alternativer Strafrechtler, die Schönraths und Manfred Mühlmann im Zivilrecht, das es bei uns noch immer unter dem scharfen Schwert des BGB gab. Erstaunlicherweise war an der Juristenfakultät das sogenannte materielle Recht sehr stark vertreten. Unsere besten Rechtslehrer kamen aus der Auseinandersetzung mit dem Recht selbst. Das Handwerk hingegen, das Prozessrecht, kam zu kurz. Zumindest bei mir entstand der Eindruck.

Die Staatssicherheit hatte mein Wort. Ich wollte doch Spione abwehren. »Horst« hielt mich in Ruhe. Wozu sie Juristen brauchten, ahnte ich in keiner Weise und habe es auch später nie erfahren.

1970, mein Vater war funktionell-politisch enthauptet und in die sächsische Wüste geschickt worden, erhielt ich als Beststudent an der Fakultät zum Geburtstag von Karl Marx eine Einladung des Ministers für Hoch- und Fachschulwesen der DDR ins Gästehaus der KMU. Ich wurde an jenem 5. Mai mit dem Karl-Marx-Stipendium ausgezeichnet, einer Auszeichnung, die jedes Jahr nur wenige Vertreter aller Universitäten und Hochschulen der DDR bekamen. Ich halte dieses Stipendium – übrigens 450 Mark der DDR pro Monat – noch heute für meine wichtigste Anerkennung. Karl-Marx-Stipendiaten erwarben sich diese seltene Auszeichnung vor allem durch studentische Leistungen. Es war ziemlich selten, dass einem Jura-Studenten aus Leipzig diese Ehrung zuteil wurde. Es war wie ein kleiner Ritterschlag in der gesellschaftlichen Hierarchie der DDR. Selbst unter Studenten raunte man sich bei Veranstaltungen anerkennend zu: Du, das ist ein Karl-Marx-Stipendiat.

Ich hegte trotz guter Leistungen den leisen Verdacht, dass meine Auszeichnung zugleich auch Rache der Wissenschaftler war an jenen, die an meinem Vater grobes Unrecht begangen hatten. Es blieb letztlich ungeklärt, ob es sich so verhielt.

Zwischenzeitlich hatte ich Solshenizyns »Ein Tag im Leben des Iwan Denissowitsch« gelesen, Trotzkis Stalinbiografie, hatte die darin enthaltenen abstrusen Gerichtsreden mit Entsetzen wie auch Zweifel zur Kenntnis genommen und war mir zweier Dinge sicher: Eine Gesellschaft ohne Ausbeutung und Krieg ist besser als alles andere, aber eine Deformation, die gemeinhin und verkürzt als Stalinismus bezeichnet wurde, lehnte ich ab. Der zunehmende Hang zum Rechtspositivismus bestärkte mich in diesem unsicheren Wollen und vagen Selbstverständnis. Mit meinem Schwager, dem enzyklopädisch gebildeten Mann meiner Schwester Käthe, diskutierte ich – nach den obligatorischen Grüßen an die Steckdosen – bereits zu Beginn der 80er Jahre über das Ende der DDR. Eigentlich hatten wir einen anderen Plan: Wir erstürmen die Insel Rügen, sprengen den Rügendamm, leben von Kreideabbau und Fischfang, treten der UNO bei, erklären militärische Neutralität und bauen den Sozialismus auf, wie er im *Neuen Deutschland* beschrieben stand.

Vielleicht war es doch Schizophrenie. Zum einen die historische Verrücktheit nach sozialer Gerechtigkeit und zum anderen tiefer Zweifel an den Mitteln und Methoden der behaupteten Verwirklichung. In einem Praktikum an einem Leipziger Kreisgericht verliebte ich mich mit Heftigkeit in eine Kommilitonin, Erika. Sie sah toll aus und erfüllte die Lebensrollen für einen Mann als Frau, Freundin und Geliebte perfekt. Sie brachte eine kleine Tochter in unsere bald geschlossene Ehe, die nun fast vierzig Jahre anhält. Erika war nicht nur attraktiv, sondern auch sehr belesen, zudem sang sie im Gewandhauschor. Ich habe nie so recht verstanden, wie man eine unbekannte Melodie von einem Notenblatt absingen kann. Es passt wohl dazu, dass wir uns am 11.11.1973, 11.11 Uhr das Ja-Wort gaben und nur für uns den Hochzeitsstrauß auf dem Grab von Johann Sebastian Bach in der Thomaskirche von Leipzig ablegten. Wir wollten es einfach so.

Ein Problem junger Familien in der DDR war die Wohnungsnot. Meine Eltern waren »weit« weg. Ich steckte im Studium. Übergangsweise war ich in einer Mansardenwohnung bei meinen ersten Schwiegereltern untergekommen, was für die erste Ehe, schon gar nicht für meine zweite eine Lösung darstellte. Hilfe kam von einer staatlichen Stelle zur Unterstützung von NS-Verfolgten und deren Angehörigen. Nach vielen Bittgesuchen erhielt ich eine Wohnungszuweisung in einer sogenannten Teilhauptmiete mit eineinhalb Zimmern und eigener Küche. Bad und Toilette teilten wir uns mit einer griechischen Flüchtlingsfamilie. Auf dem gemeinsamen Flur übernachteten oft Freunde unserer Mitmieter, die ebenfalls vor der faschistischen Junta in ihrer Heimat geflohen waren. 1967 hatte dort das Militär geputscht und Tausende außer Landes getrieben.

Immerhin hatte sich meine Mobilität in Gestalt eines gebrauchten Motorrollers der Marke »Berlin« verbessert, mit dem ich es sogar einmal bis an die Ostsee schaffte.

Irgendwann endete auch die romantisch-hektische Studienzeit. In einem Studienfach musste ich eine Diplomarbeit vorlegen und verteidigen. Das wurde ernst genommen. Ich entschied mich für das Fach Kriminalistik, Lehrstuhlinhaber war Prof. Armin Forker. Ich halte es auch heute noch für eine gute Idee, dass

Rechtspflegejuristen Einblicke in die Kriminalistik erhalten, kommen sie doch später in die Verlegenheit, Haftanträge zu stellen, Haftbefehle zu erlassen oder gar Strafurteile. Armin Forker, früher einmal selbst Kriminalist, war ein begeisternder Hochschullehrer. Ich hielt ein Thema bei ihm für einen künftigen Spionenjäger für naheliegend, »Horst« habe ich nicht einmal gefragt.

Sommer 1972 war Schluss. Bereits vor dem Diplom hatte die Lenkungskommission des Ministeriums der Justiz getagt und die Absolventen übers Land verteilt. Dies geschah in allen Studienrichtungen und -einrichtungen. Nach geltendem Recht erfolgte der so vermittelte Ersteinsatz mindestens für drei Jahre, danach konnte man im Bedarfsfall wechseln.

Ein verknitterter Justizmensch eröffnete mir, dass die Kommission beschlossen habe, mich als Staatsanwalt nach Bitterfeld zu schicken. Ich fiel wie aus allen Wolken und alarmierte »Horst«, der mich beruhigte, es werde alles geregelt, ich solle mir keine Gedanken, sondern erst einmal Urlaub machen, sagte er, und melde dich im September. Dann sehen wir weiter.

Ich nutzte noch einmal das Studentenzeltlager der Leipziger Universität in Dranske auf Rügen. Es war herrliches Wetter, meine kleine Familie lebte in Hochzeiten. Aber irgendwann mussten wir wieder zurück.

Erika wurde Richterassistentin am Kreisgericht Leipzig-Süd, erst mit dem 25. Lebensjahr konnte man zum Richter gewählt werden.

Ich versuchte »Horst« zu finden, der verschwunden war oder sich verleugnen ließ. Ich bekam irgendwann Mitte September die Nachricht, dass der Minister für Staatssicherheit den Kaderbefehl über meine Einstellung noch nicht unterschrieben habe, bei Einstellungen von Offizieren musste er das wohl. Ich saß neben meinen griechischen Nachbarn zu Hause, wartete und wartete, malte für mich ein paar Bilder und zweifelte vor mich hin. Es verging Woche für Woche, aber Minister Mielke ließ mich hängen.

Die SED-Bezirksleitung erinnerte sich meiner. Am 31. Januar saß ich erneut vor dem Leiter der Sicherheitsabteilung. Walther Wittig sagte: »Genosse, du wirst alles, nur kein Anwalt! Morgen um 8 Uhr meldest du dich beim Chef der Kriminalpolizei.«

Das tat ich. Der amtierende K-Leiter des Bezirkes Leipzig begrüßte mich mit den Worten: »Guten Morgen, Genosse Leutnant!«

Somit war ich, der Diplomjurist Gerhard Lauter, seit dem heutigen 1. Februar 1973 Leutnant der Kriminalpolizei. Und nun beginnt die Geschichte, die ich eigentlich erzählen will.

Scheidung mit der Axt oder
Die Struktur der Kriminalpolizei

Ich wusste so gut wie nichts von der Deutschen Volkspolizei, kannte allenfalls Polizistenwitze und war vermutlich verdammt voreingenommen, wie wohl die
meisten DDR-Bürger. »Sie melden sich umgehend
beim Dezernatsleiter II«, hatte mir mein künftiger Vorgesetzter befohlen – woran ich mich auch erst einmal
zu gewöhnen hatte. Im Vorzimmer teilte man mir, dem
völlig Ahnungslosen, noch mit, dass dieses Dezernat
sich mit der Untersuchung schwerer Straftaten auf
Bezirksebene befasste und nicht im Dienstgebäude der
Bezirksbehörde der DVP ansässig sei, sondern in der
Beethovenstraße. Heute sitzt dort die Staatsanwaltschaft Leipzig

Ich klingelte an einer bescheidenen Seitenpforte.
Ein im Ruhestand befindlicher Kriminalist öffnete mir
und war verwundert, dass ich den Dezernatsleiter sprechen wollte. Die Verwunderung war auch auf meiner
Seite, als ich nach Rücksprache in einen kinoreifen
Gefängnisbau geführt wurde. Eisentreppen, Fanggitter
zwischen den Etagen, ein Lichtschacht inmitten, und
Metalltüren ohne Ende. Mein erster Eindruck schien
einem bösen Traum zu entstammen. Eigentlich war ich
noch nie auf einer Polizeidienststelle gewesen. Wirklich so schlimm?

Irgendwann stand ich, derart eingeschüchtert, vor
dem Hauptmann der K Körner, dem frisch eingesetz-
ten Dezernatsleiter. (Er sollte es bis zum Oberstleutnant der K bringen.) Körner behandelte mich sofort

wie einen in der Polizei aufgewachsenen Mitarbeiter und verwies mich an den Leiter des Referates Staatsdelikte, worunter ich mir reichlich wenig vorstellen konnte, kannte ich doch weder Polizeistrukturen noch die Umgangsformen, die dort herrschten.

Vielleicht sollte ich etwas über die Struktur der Kriminalpolizei der DDR ausführen, damit der geduldige Leser sich in meinen Auslassungen zurechtfinden kann. Wenn es eine II gibt, gibt es vermutlich auch eine I und vielleicht Nummern darüber hinaus. Die nach diesen Nummern gegliederten Arbeitsrichtungen der Kriminalpolizei, gebräuchlich war lediglich das Initial K, wurden zentral im Innenministerium von Abteilungen der Hauptabteilung K verwaltet und geführt. Immerhin waren wir eine zentral geführte Polizei in einem zentralistisch geführten Staat, und Weisungen einer höheren Ebene waren Befehle.

Also: Das *Dezernat I der K* war heikel. Es führte inoffizielle Informanten, um in organisierte Kriminalität einzudringen. Heute nennt man sie V-Leute. Bei Gewaltverbrechen war sie eher nutzlos. Die I hatte überdies die Erlaubnis, professionell zu observieren mit allen Möglichkeiten. Die Mitarbeiter dieser Arbeitsrichtung schotteten sich weisungsgemäß von anderen Kriminalisten ab. Sie unterlagen einer sehr speziellen Geheimhaltung, die an jene des MfS heranreichte, nur die Zielrichtung war eine völlig andere. »Normale« Kriminalisten der DDR durften auf keinen Fall mit Informanten zusammenarbeiten, das hätte einen sofortigen Rauswurf bedeutet. Inoffizielle Informationen, eben solche, die an der Strafprozessordnung vorbei gewonnen wurden, kamen halt nur aus der I, manchmal fallentscheidend, oft auch banal.

Bei meiner Einstellung in die Volkspolizei, also dem MdI, hatte man mir ziemlich unverblümt gesagt: »Wenn du für das MfS nicht taugst, kommst du auch für die I nicht in Frage.«

Ich wusste nicht, worüber da gesprochen wurde, da mir Interna und Terminologie fremd waren. Eine II ist auch nicht so schlecht, dachte ich mir. Ich bin gewiss

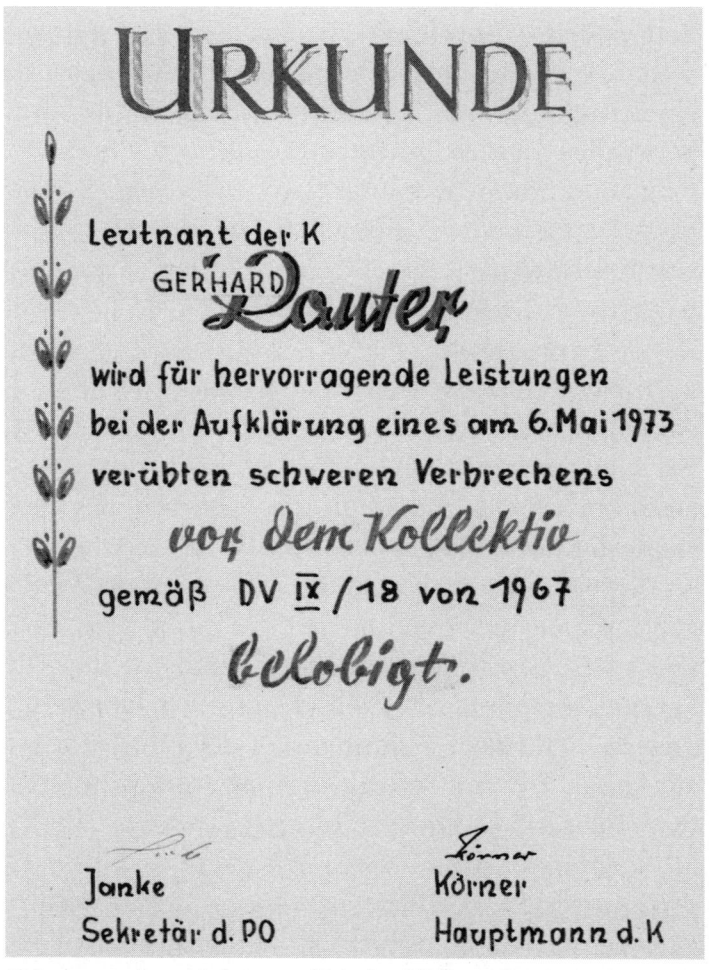

Die erste Auszeichnung bei der Volkspolizei, 1973

ein schlechter Strukturkästchenmaler, aber meine Kripo erklärt sich nun einmal nur aus ihrer Struktur.

Die Aufgabenfelder nannten wir Arbeitsgebiete, römisch beziffert von I bis IX. Dem entsprachen im Ministerium des Innern innerhalb der Hauptabteilung Kriminalpolizei Abteilungen, in den Bezirksbehörden der Volkspolizei Dezernate und in den Volkspolizeikreisämtern Kommissariate.

Mit Kriminalpolizei verbinden sich weltweit Geheimnisvolles, Spannung, Nervenkitzel. Dafür sorgen Kriminalliteratur und Filmindustrie. Und innerhalb der Kriminalpolizei war das Geheimnisvollste die I. Wegen der kospirativen Arbeitsweise.

Ratinow, ein Russe, verfasste ein Lehrbuch »Psychologie für Untersuchungsführer«, eine Sammlung von Kriminalfällen, die mindestens zwei Generationen von Kriminalisten in der DDR begleitete. Er bestätigte meine Beobachtung, dass ein Mord leichter aufzuklären ist als ein Kellereinbruch. Kräfte und Mittel zur Aufklärung eines Gewaltverbrechens werden viel stärker konzentriert als auf die Klärung etwa des Diebstahls eines Kinderrollers. Nun ja, Morde waren nicht Sache der I. Aber der II.

Das Dezernat II war das Untersuchungsorgan der Volkspolizei auf Bezirksebene. Dort durfte man nicht mit inoffiziellen Mitteln operieren. Hier galt strikt die Strafprozessordnung. Ganz traditionell hatte die Staatsanwaltschaft die Hoheit über unser Tun und Lassen. Dort gab es die Morduntersuchungskommission (MUK), die Branduntersuchungskommission (BUK), ein Referat Wirtschaftskriminalität und – ein Referat Allgemeine Kriminalität, in dessen Arbeitsgruppe »Staatsdelikte« ich gelandet war. Entgegen möglicher Vermutung war diese Arbeitsgruppe nicht für die

Untersuchung von Delikten *gegen* den Staat zuständig, sondern für die Aufklärung und Untersuchung von Straftaten, welche *vom* Staat, seinen Organen oder deren Mitarbeitern verübt oder veranlasst worden waren. So etwas gab es wirklich in der DDR.

Es existierte dort auch eine Arbeitsgruppe »Grenzdelikte«, wo ich bei Überbelastung aushelfen musste. Dies gehört ehrlicherweise zu den punktuellen auch mich belastenden Momenten meiner Biographie. Die Bestrafung von Grenzdelikten war mir suspekt, wenngleich ich mir bewusst bin, dass Gesetze nur dann Sinn machen, wenn man auf ihre Einhaltung achtet und Verstöße ahndet. Gleichwohl sind Grenzen und Gesetze Menschenwerk und darum nicht die Ultima ratio. Gottlob hatte die II nur mit leichteren Fällen zu tun, die wichtigeren Grenzdelikte bearbeiteten die Untersuchungsabteilungen des Ministeriums für Staatssicherheit.

Die *Arbeitsrichtung III* war unser Arbeitspferd in der Kripo. Die Abteilung in der Hauptabteilung K des Ministeriums war für Kontrolle und Anleitung der Aufklärung der allgemeinen Kriminalität zuständig, die Dezernate III taten das auf Bezirksebene und die Kommissariate oder Sachgebiete III in den Kreisämtern oder Revierkriminalstellen auf örtlicher Ebene. Sie leisteten Schwerstarbeit und hatten, bis auf wenige Ausnahmen, alle Straftaten zu untersuchen und aufzuklären; geringfügige Delikte klärten die Abschnittsbevollmächtigten der Volkspolizei, allgemein als ABV bekannt. In der III war die überwiegende Mehrheit der Kriminalisten tätig.

Seit 1990 wird die Polizeiarbeit in der DDR oberflächlich abgeurteilt und denunziert, »alles Stasi« heißt es. Natürlich ist Polizeiarbeit immer systemtragend, nicht grundlos lautet der erste Satz beim Stichwort »Polizei« in der Internet-Bibliothek Wikipedia: »Die Polizei ist ein Exekutivorgan eines Staates.« Und weiter heißt es: »Sie hat in den meisten Staaten die Aufgaben, die öffentliche Sicherheit und Ordnung zu gewährleisten oder wiederherzustellen, den Straßenverkehr zu regeln bzw. zu überwachen und als Strafverfolgungsbehörde strafbare und ordnungswidrige Handlungen zu erforschen.« Auch in der DDR war »der Polizei als Exekutivorgan des staatlichen Gewaltmonopols beim Einschreiten die Anwendung unmittelbarer Gewalt durch unmittelbaren Zwang innerhalb gesetzlicher Grenzen erlaubt«. Soweit Wikipedia anno 2012.

Die Volkspolizei hatte dafür zu sorgen, das bestohlenen Bürgern ihr Besitz zurückgegeben werden konnte und Menschen, die ihnen Gewalt antaten, dafür zur Verantwortung gezogen wurden. In der DDR gab es wie anderenorts Raub, Diebstahl, Unterschlagung, Körperverletzung, Vergewaltigung, Brandstiftung, auch Mord und Totschlag.

Bei der überwiegenden Mehrzahl von Tötungsverbrechen handelte es sich um Beziehungstaten, wir sagten sehr böse und abgebrüht: »Scheidung mit der Axt«. Zur Ermittlung setzten wir sämtliche kriminaltechnischen und operativen Mittel ein, selbstredend auch viel Personal. Der ABV, der das Verschwinden eines Kinderwagens aus dem Hausflur eines Plattenbaus in seinem Abschnitt aufklären musste, verfügte zwar über einen Koffer mit kriminaltechnischen Hilfsmitteln, aber das war's dann auch schon.

Die *Arbeitsrichtung IV* galt als das Glanzstück der Kriminalpolizei der DDR – die Kriminaltechnik. In den Dezernaten IV auf Bezirksebene waren Naturwissenschaftler als Ballistiker, Trassologen, Daktyloskopen, forensische Biologen, Schriftsachverständige tätig, die zumeist als Gerichtsgutachter allgemein vereidigt waren und ihren Wahrheitseid unter keinen Umständen gebrochen hätten. Ich kann nicht zählen, wie oft ich diese Fachleute unter höchster Anspannung um Ergebnisse bat. Zumeist erntete ich ein Schulterzucken. Bevor sie sich nicht ganz sicher waren, sagten sie nichts. Aber sie waren wirklich gut. Sie waren eng mit der Forschung an den Universitäten und der gerichtlichen Medizin verbunden, forschten selbst im zentralen Kriminalistischen Institut der Volkspolizei (KI). Dort arbeiteten die zentralen kriminaltechnischen Labors, Obergutachter, Forschungsstellen, auch auf den Gebieten, auf die die Beweisführung der K zumindest vor Gericht noch nicht zugreifen konnte.

Ich denke da an die Odorologie, ein Zweig der Kriminalistik und Forensik, die sich mit der Identifizierung von Personen durch ihren individuellen Geruch beschäftigt. Vor dem Ersten Weltkrieg hatte Friedo Schmidt in seinem Buch »Verbrecherspur und Polizeihund« beschrieben, wie an Tatorten gefundene Beweisstücke gesammelt und anschließend in Glasbehältern aufbewahrt wurden, weil Glas keine Gerüche annimmt. In den Niederlanden wurde die Idee aufgegriffen, eine »Nationale Schule für Spürhunde« eröffnet und eine odorologische Methode entwickelt. Dabei wurden Körpergeruchsproben mittels absorbtionsfähiger Materialien von Personen abgenommen und in Glasbehältern aufbewahrt, um mit dem Geruchssinn von Hunden vergleichende Untersuchungen anzustellen. Später setzte die niederländische Polizei erstmals Stofftücher als Geruchsträger für die Proben ein. Die Kriminalpolizei in der DDR übernahm diese Methode, verwahrte Geruchsproben und bildete sogenannte Differenzierungshunde aus, die in der Lage waren, unter hunderten von Geruchsproben eine bestimmte zu erkennen.

Prof. Kristie Macrakis, Absolventin der Harvard University, schrieb dazu: »Anfang der 1970er Jahre wurde die Methode in den ersten Dienststellen der Volkspolizei eingesetzt. Um von verdächtigen Personen auch unbemerkt Geruchsproben nehmen zu können, wurde ein Stuhl entworfen, bei dem ein steriles Tuch auf die Sitzfläche gespannt wurde, auf der die Person Platz zu nehmen hatte. Zur Geruchsneutralisierung musste der Stuhl nach der Verwendung mit mindestens 50° C heißem Wasser gereinigt werden. Für das Abnehmen von Gerüchen an Tatorten musste das Stofftuch mindestens 30 Minuten mit dem Geruchsträger in Kontakt bleiben. Der Stoff durfte nicht mit den Händen, sondern nur mit einer Art Grillzange gehandhabt werden. Zum Vergleich der Geruchsproben wurden die geöffneten Gläser in einem Abstand von 80 cm auf den Boden gestellt. Der Differenzierungshund bekam zu Beginn der Suche ein Stofftuch mit dem aufzufindenden Geruch zu schnuppern. Anschließend führte man ihn von Glas zu Glas. Der Hund setzte sich vor dem Glas nieder, in dem er den zu suchenden Geruch erkannte. Die Geruchsproben wurden aufbewahrt bis der Fall abgeschlossen oder die Tat verjährt war. Die Proben von Kriminellen wurden bis zu fünf Jahre nach deren Haftentlassung aufbewahrt.« In der Bundesrepublik wurde diese Methode erstmals 1987/88 in NRW praktiziert, dort nannte man es Geruchsspurenvergleich.

In diversen tendenziösen Darstellungen – erinnert sei nur an den oscar-gekrönten Film »Das Leben der

Anderen« – wird die odorologische Methode als besonders perfide, menschenverachtende Praxis »der Stasi« denunziert. Das bezeugt sowohl mangelnden Sachverstand als auch ideologische Verblendung.

Ich bin jedenfalls davon überzeugt, dass die Odorologie, die von unserem Kriminaltechnischen Institut entwickelt wurde, eine Zukunft hat. Die Bestimmung des Individualgeruchs, dessen Existenz von keinem Wissenschaftler mehr bezweifelt wird, kann bei der Täterermittlung helfen. Selbstverständlich waren unsere Differenzierungshunde, die erstaunliche Ergebnisse in der Zuordnung von Geruchsspuren vom Tatort zu Verdächtigen brachten, welche sich zumeist als zutreffend herausstellten, niemals vor Gericht zugelassen, aber für einen Kriminalisten ist auch ein vager Hinweis auf einen Verdächtigen ein ausreichender Grund, eine Spur zu verfolgen.

Die Gerichtsmedizin der DDR hatte international einen guten Ruf. Das gründete sich auch auf ihre wissenschaftliche Arbeit. So forschte das KI in Kooperation mit der Akademie der Wissenschaften der DDR an der Entschlüsselung der Desoxyribonukleinsäure, besser als DNS oder amerikanisch DNA bekannt. Der Biochemiker Dr. Hans Stary hat wiederholt versucht, mir den Sinn seiner Versuchsreihen mit monoklonalen Antikörpern zu erklären. Leider vergeblich, es war ein Versuch am untauglichen Objekt.

Die *Arbeitsrichtung V der* K war für die Fahndung der gesamten Polizei und das diensthabende System der Kriminalpolizei verantwortlich. Hier liefen die ersten Informationen auf über den Verdacht von Straftaten, Bränden und Explosionen. Dann musste reagiert werden. Der Informationsstrang verdünnte sich nach oben. Die Meldung eines Polizisten an sein Revier

wurde auf ihrem Weg an das örtlich zuständige Volkspolizeikreisamt bereits geprüft, ob sie und falls ja, was
der Bezirksbehörde meldepflichtig war. Dort entschied
man, was dem Ministerium unbedingt zu melden war.
Dafür gab es Regeln, die strikt eingehalten wurden. Es
gab auf keiner Ebene ein Interesse, ein Verbrechen zu
verschweigen und seine Aufklärung zu hintertreiben,
indem das optimale Ermittlungspotenzial nicht abge-
rufen wurde.

Für die Fahndung selbst, dem Kern der V, braucht
man einerseits berufserfahrene, andererseits fantasiebe-
gabte Menschen. Die V war für die Suche nach Personen und Sachen verantwortlich, und es musste immer
so rasch wie möglich gehen. Wir hatten insofern
Glück, als es in der DDR nur kurze Fluchtwege gab
und nur in Maßen schnelle Fluchtfahrzeuge. So erklärt
sich vielleicht auch die hohe Erfolgsquote der Fahndungsarbeit der Volkspolizei. Ich komme darauf
zurück, da ich später selbst Fahndungschef der Deutschen Volkspolizei wurde.

Die *Arbeitsrichtung VI* der K kümmerte sich um
Registrierung und Statistik. Aus ihr entwickelte sich
die Zentralstelle für kriminalistische Registrierung
(ZSKR), verknüpft mit der Personendatenbank der
DDR, jedoch formal strikt von dieser getrennt. Die
ZSKR konnte den Modus vivendi von Straftaten ab-
gleichen und den Wohnsitz einschlägig Vorbestrafter
ins Verhältnis zum Tatort setzen. Wir waren auch sehr
weit, daktyloskopische Spuren zu digitalisieren. Was
heute in jeder amerikanischen Krimiserie völlig selbstverständlich ist, war in den 80er Jahren noch harte For-
schungsarbeit.

Und es lief alles auf ESER-Technik, also Compu-
tern und Zubehör, die ausschließlich im sozialistischen

Lager gebaut waren. ESER war die Abkürzung für Einheitliches System Elektronischer Rechentechnik, deren Entwicklung Ende der 60er Jahre mit einem multilateralen Abkommen zwischen der DDR, Sowjetunion, Ungarn, Polen und Bulgarien beschlossen worden war, später schlossen sich noch Rumänien, Kuba und die CSSR an. Maßgeblichen Anteil bei der Entwicklung der Großrechenanlagen und Computer hatte das DDR-Kombinat Robotron.

Abstürzen durfte nichts. Sonst wäre das Strafregister der DDR einfach weg gewesen.

Die *Arbeitsrichtung VII* befasste sich mit der Jugendkriminalität. Die Mitarbeiter kannten sich an den Schulen und Berufsschulen aus, waren mit den zuständigen staatlichen Stellen vertraut und hielten Kontakt mit den dort Verantwortlichen.

Kriminalitätsvorbeugung stand wunschgemäß vor deren Bekämpfung, so stand es auch in den Parteibeschlüssen. Aber auch hier sah die Realität ein wenig anders aus. Die Kriminalpolizei hauptsächlich und letztlich allein für die Vorbeugung von Straftaten verantwortlich zu machen, war Unsinn. Kriminalität ist ein soziales und ein menschliches Phänomen, das Kriminalisten (und andere gesellschaftliche Institutionen) nicht aus der Welt schaffen können.

In einem Text, der sich mit Prävention beschäftigte, zitierte Lenin einen jungen Rechtsanwalt aus Kasan an der Wolga aus dem Jahr 1904 mit dem Satz: »Prügle, aber nicht zum Tode«. Er hielt dagegen: »Die vorbeugende Wirkung einer Strafe hängt nicht von ihrer Höhe ab, sondern von ihrer Unabwendbarkeit.« Dieses Moment – die Unabwendbarkeit der Strafe – setzte zwingend die Aufklärung des Verbrechens voraus (mit nachfolgender Verurteilung des Täters). Das war mein Berufsethos als Ermittler. Den Täter zu überführen (oder zu entlasten) war für mich immer wichtiger als die Höhe der ausgesprochenen Strafe.

Die Mitarbeiter der VII konnten die stagnierende, wenngleich international äußerst niedrige Kriminalitätsbelastung der DDR mit präventiven Maßnahmen und Aufklärung kaum senken. Eine Ursache für die niedrige Kriminalitätsrate in der DDR sehe ich weniger im »neuen Menschen«, den es nicht gab, in einer höheren moralischen Reife, sondern darin, dass der Unterschied zwischen arm und reich nicht sonderlich signifikant war. Neid und Missgunst waren in der nahezu egalitären Gesellschaft der DDR nicht verschwunden, aber Reichtum konnte man nur in engen Grenzen realisieren, es fehlten einfach die materiellen Bedingungen, um im Luxus zu schmarotzen und die »Puppen tanzen zu lassen«.

Die überschaubare *Arbeitsrichtung VIII* der K war für die Organisation der »Personenkontrolle« mehrfach Vorbestrafter zuständig. Es gab im DDR-Strafgesetzbuch Verschärfungsbestimmungen bei Rückfall gemäß § 44 StGB sowie eine Art von Zusatzstrafen, zu denen man verurteilt werden konnte. Dies konnte gemäß § 48 StGB bedeuten: Arbeitsplatzbindung – ein Paradoxon der Geschichte – und Meldepflicht eines Wohnsitzwechsels. Nicht viel mehr, als man es auch heute aus Bewährungsauflagen der Gerichte kennt. Ein ständiger Aufenthalt im Ausland war für einen DDR-Bürger eh etwas schwierig und wurde deshalb klugerweise gar nicht erst untersagt.

Irgendwann gab es auch eine *Arbeitsrichtung IX*, die Antiterroreinheit der Volkspolizei. Ich selbst habe sie mit aufgebaut und geleitet. Das offensichtliche Fehlen polizeilicher Spezialkräfte in Bayern, was zu jener Katastrophe während der Olympischen Sommerspiele 1972 in München führte, bei der 17 Menschen während einer Geiselnahme starben, hatte die politische Führung der DDR veranlasst, in der Volkspolizei Antiterroreinheiten aufzubauen. Diese Entscheidung war richtig.

So entstand die IX der Kriminalpolizei der DDR, rein zufällig numerisch verwandt mit der entsprechenden Einheit des Bundesgrenzschutzes (GSG 9), die ebenfalls nach München gebildet wurde.

Aber noch war ich dort nicht angelangt. Ich hatte ja eben im Dezernat II der Abteilung Kriminalpolizei in der Bezirksbehörde der Volkspolizei Leipzig begonnen. Ich kannte weder Befehle, Weisungen oder anderweitige Dienstvorschriften. Ich war ein Quereinsteiger, der neugierig bis argwöhnisch beäugt wurde.

Das Dezernat befand sich in der »Beethovendiele« zwischen Gerichten, Staatsanwaltschaft und Untersuchungshaftanstalten im Zentrum Leipzigs.

Wie war der Alltag eines Kriminalisten, der auf Bezirksebene schwere Straftaten untersuchte? Was machte ich?

Ich saß in einem winzigen Arbeitszimmer mit einem kleinen vergitterten Fenster, die Dienststelle war früher eine Haftanstalt gewesen, mit Eisentüren und -treppen und Metallfangnetzen zwischen den Stockwerken. Am Schreibtisch mir gegenüber hockte Oberleutnant der K Harald Müller, der mich ablehnend, gar herrisch in Empfang und in die Lehre nahm. Als erstes machte er mir klar, das unsere Tätigkeit nichts mit der von Kriminalkommissaren in Filmen und Romanen zu tun hatte. Die konzentrierten sich, in der Regel, auf die Lösung eines einzigen Falles. Auf unserem Tisch lagen – wie bei den Kollegen in den Kreisämtern und Revierkriminalstellen auch – Dutzende Ermittlungsakten gleichzeitig. Jeder Fall hatte eine Abschlussfrist, die die zuständige Staatsanwaltschaft gesetzt hatte, eine Fristverlängerung musste beim Staatsanwalt beantragt werden, mitunter persönlich. Das war wie ein Gang nach Canossa. Zeitdruck, Überlastung oder anderweitige Einsätze reichten als Argument zumeist nicht aus. Die ausschließliche Konzentration auf einen Einzelfall, wie ich es im Jurastudium gelernt hatte, half mir hier nicht sonderlich weiter.

Und es gab viel Abwechslung, also Ablenkung.

Die Mitarbeiter des Dezernates II waren strukturell zugleich Mitglieder einer bezirklichen Katastrophenkommission, die zur Untersuchung aktueller Ereignisse ad hoc eingesetzt werden konnten. Wir mussten alles stehen und liegen lassen, selbst Vernehmungen abbrechen. Mit Trabant oder Wartburg, in dessen Kofferraum die Reiseschreibmaschine und Papier verstaut wurden, ging es zum Ereignisort.

Mein erster Einsatz dieser Art erfolgte am 10. Juli 1973. Ich quetschte mich neben zwei Kollegen auf den Rücksitz eines Trabis. Auf dem Bahnhof Leipzig-Leutzsch war ein D-Zug mit offensichtlich überhöhter Geschwindigkeit durch ein Stellwerk gerast. Das Stellwerk gab es nicht mehr, und der erste Teil des Zuges war auch sehr zerknautscht.

Während die Rettungskräfte noch Tote und Verletzte bargen, versorgten und abtransportierten, suchten wir Zeugen und Reisegepäck, um Ursachen und mögliche strafrechtliche Verantwortlichkeiten zu ermitteln. Natürlich war unser Dezernat IV – die Kriminaltechnik – auch vor Ort. Ich wurde, ohne die Gründe zu kennen, in die Gepäckgruppe eingeteilt. Diese Aufgabe diente nicht nur der Eigentumssicherung, sondern auch für eine mögliche Identifizierung von Toten.

Ich sah in den Trümmerbergen zum ersten Mal abgetrennte Körperteile und Schwerstverletzte, was mir merklich aufs Gemüt schlug. Ich verrichtete meine Arbeit wie in Trance. Am Ende zählten wir vier Tote und zwei Dutzend Schwerverletzte.

Der vermutlich Schuldige für diese Tragödie konnte weder von uns noch der Transportpolizei oder der Bahn befragt werden. Die Identifizierung des Lokführers erfolgte durch Professor Dürwald, dem Direktor des Instituts für gerichtliche Medizin der Leipziger Universität.

Die Rekonstruktion des Unfalls ergab, dass der D 703 auf Bahnhofsgleis 3 umgeleitet worden war, der Lokführer hatte aber das Einfahrtsignal, das ihn zur Drosselung der Geschwindigkeit auf 40 km/h aufforderte, übersehen. Die Lok war mit 80 Sachen über die erste Weiche gedonnert und bei der nächsten mit dem ersten Wagen entgleist. Bevor sie gegen das Stellwerk raste, konnte sich der Heizer mit einem Sprung von der Lok retten. Die nachfolgenden Wagen schoben sich ineinander. Bergung und Beräumung der Unfallstelle dauerten zwei Tage.

»Hier Gürtelrose! Matratzenkürbis, bitte kommen!« – das Referat IX

Ich startete mit zwei Handicaps in mein Berufsleben. Erstens war es mir fremd, dass Dienstanweisungen meinen Tag bestimmten, so etwas kam beim Jurastudium nicht vor, das musste ich mühsam begreifen. Zweitens bekam ich zunächst keine Dienstwaffe ausgehändigt, deren Fehlen ich bei der Ermittlung in Mordfällen vermisste. Sie hätte mir gewiss mehr Sicherheit verliehen. Sicherheit aber war das Argument, weshalb ich die obligatorische Waffe nicht bekam: Ich lebte mit Tochter und schwangerer Frau noch immer mit meinen Griechen in getrennter Gemeinsamkeit.

Unser Behausungsproblem drängte. Die Wohnungsstelle der Bezirksbehörde der Volkspolizei (BDVP) bot mir ein Quartier nahe des Bayerischen Bahnhofs in einem Eckhaus an. Es befand sich über einem leeren Laden, war ofenbeheizt, die Toilette eine halbe Treppe tiefer. Ich sagte sofort zu. Die Begeisterung meiner Frau und künftigen Richterin hielt sich sichtbar in Grenzen. Aber es waren unsere eigenen vier Wände. Wir hatten einen eigenen Briefkasten und ein Telefon und gewöhnten uns daran, nachts durchs Treppenhaus auf die Toilette gehen zu müssen. Ein wenig lästig waren allenfalls die Ratten im Keller, denen man in der Heizperiode täglich begegnete.

Mein beruflicher Alltag in jener Zeit bestand vornehmlich darin, Vorgänge abzuarbeiten, die mir als Anzeigen von meinen Vorgesetzten auf den Tisch gelegt wurden. Das war wenig spektakulär. Ich vernahm Zeugen und Verdächtige oder Beschuldigte. Dies erfolgte zumeist in unserem winzigen Dienstzimmer, in dem neben den zwei Schreibtischen und Schränken lediglich noch ein Stuhl für den zu Vernehmenden Platz fand. Das Eisengitter vorm Fenster zum Innenhof lud auch nicht gerade zum Wohlfühlen ein. In Filmen wurden die Personen, welche vernommen werden sollten, von Uniformierten zugeführt, der Vernehmer erwartete sie hinter seinem Schreibtisch. Wir holten unsere Leute am Eingang ab und brachten sie auch wieder dorthin zurück. Zu Verdächtigten fuhren wir in die Untersuchungshaftanstalt mit der Reiseschreibmaschine, dort befragten wir sie in einem meist verräucherten Besucherzimmer. Befragungen in Tatortnähe, wenn wir uns durch die Hausaufgänge klingelten, trugen uns den Ruf als Treppenterrier ein.

Mein erster eigener Fall: Als »Vertrauliche Dienstsache« gekennzeichnete Unterlagen des Bezirkswirtschaftsrates waren verschwunden. Die Befragung der Mitarbeiterinnen zu den relevanten Abläufen brachte kein Ergebnis. Ich war enttäuscht. Die Dokumente blieben so verschwunden wie der Täter – sofern es diesen überhaupt gab.

Dann folgte ein Fall, bei dem es drei Tote, fast ein Dutzend Erblindete und eine Reihe Verletzte gab. Ich hatte zu ermitteln, inwieweit daran Mitarbeiter des Strafvollzuges ursächlich Schuld trugen, also strafrechtlich verantwortlich waren.

In der Strafvollzugsabteilung Schkeuditz, einem leichteren Vollzug, wurden Gefangene dazu eingesetzt, die Umfriedung der Haftanstalt zu verschönern. Ihre Bewachung war offensichtlich ziemlich nachlässig. Die

Mauer grenzte unmittelbar an das Gelände des Flughafens, heute Leipzig-Halle. Die Häftlinge entdeckten einen in der Nähe abgestellten Tankwagen mit einem Giftzeichen und bemerkten sofort, dass es sich beim Inhalt um Alkohol handelte. Flugs wurde der zur Versorgung mitgeführte 20-Liter-Teekannister geleert und damit aufgefüllt. Es handelte sich, wie richtig vermutet, um technischen Alkohol, der zur Enteisung der Start- und Landebahnen benutzt wurde. Da er ungenießbar war, streckten ihn die Gefangenen mit Marmelade.

Natürlich wurden die Kollegen des Strafvollzuges, die ihre Aufsichtspflicht sträflichst vernachlässigt hatten, zur Verantwortung gezogen.

In einem anderen Fall hatte ich den Vertrieb von gusseisernen »Kunstgegenständen« durch Mitarbeiter eines Betriebes zu untersuchen, in dem Strafgefangenen eingesetzt wurden. Der Strafvollzug der DDR war ein Reservoir der überall dringend benötigten Arbeitskräfte, Amnestien, von denen es hin und wieder welche gab, ließen mitunter ganze Fertiggungsstrecken zusammenbrechen. In jenem Einsatzbetrieb hatten die verantwortlichen Mitarbeiter dank ihrer Strafgefangenen eine kleine, aber einträgliche Produktion aufgezogen, die nicht im Produktionsplan ihres VEB vorgesehen war. Sie war der Resozialisierung ihrer speziellen Mitarbeiter auch nicht unbedingt zuträglich. Den Hinweis auf die illegale Produktion verdankten wir der Arbeitsrichtung I der K, die inoffizielle Mitarbeiter unter den Strafgefangenen führte.

Ein anderes Mal musste ich in ein Wäldchen bei Leipzig fahren. Zuvor wurde ich als Geheimnisträger bestätigt. Bis dato wusste ich weder etwas von einem solchen Status noch von der Existenz eines Ausweichführungspunktes der BDVP. Der befand sich in einem

Beim Training bei der IX, der Antiterroreinheit

geheimen Bunker, der oberirdisch von einem Stacheldrahtverhau umzäunt war. Das Objekt wurde von der Bereitschaftspolizei gesichert. Im Bunker war Alarm ausgelöst worden, ich sollte gemeinsam mit einem Kriminaltechniker den Anlass feststellen. Erstmals sah ich eine derartige Anlage von innen. Es war alles winzig, eng, die Schlafkojen verloren jeden Vergleich mit der letzten Jugendherberge. Dann gab es noch einen Kommunikations- und eine Lagerraum. Ich fühlte mich wie in einem U-Boot.

Sowohl die technische Untersuchung als auch meine Befragung der Wachen brachten nichts. Auch dieser Fall blieb ungelöst, aber ich war um einige Fragen reicher: Glaubte man ernsthaft, einen Atomschlag dort unten überleben zu können? Und wen wollte man führen, wenn oben alles vernichtet und verstrahlt war? Schließlich: Wenn die Vorräte aufgezehrt waren, hätte man auftauchen müssen. Dort aber war alles verglüht und atomar verseucht …

Am 18. Januar 1974 vernahm ich einen Hauptmann der Berufsfeuerwehr, die bekanntlich zum MdI gehörte. Der Mann war nicht nur für die Feuerwehren des ganzen Bezirkes zuständig, sondern auch für eine Tauchereinheit. Im Laufe seiner Dienstzeit erwarb er sich nachweislich Meriten und war wiederholt ausgezeichnet worden. Und er hatte – deshalb saß er vor mir – offenkundig auch eine besondere Affinität zum Geld.

Die von ihm kommandierten Taucher suchten im Auftrag der Ermittlungsbehörden in den Gewässern nach Leichen und verschwundenen Gegenständen. Die Tauchzeiten wurden zusätzlich vergütet, weshalb es offenkundig Interesse gab, diese auszudehnen, um den Zuschuss zum Monatsgehalt zu erhöhen. Der Hauptmann gestand, dass sie oft die gesuchten Gegenstände, nach denen sie tauchten, unter Wasser versteckten, um weitere Tauchgänge zu schinden. Das Ende vom Lied: Der Hauptmann und seine Mittäter wurden aus dem Dienst entlassen.

Ich vermag mich deshalb an dieses Datum zu erinnern, weil an jenem Tag unser Sohn André geboren wurde. Wiederholt unterbrach ich die Vernehmung, um im Städtischen Krankenhaus anzurufen, und als es endlich soweit war, verschwieg man mir – wie zu DDR-Zeiten üblich – alle Details, selbst das wesentliche, nämlich welchen Geschlechts der neue Erdenbürger sei. Ich hatte mit Erika einen Code vereinbart. Die Schwester übermittelte mir den Wunsch meiner Frau, ich solle Apfelsinen mitbringen. Hätte sie um Äpfel gebeten, wäre es ein Mädchen gewesen. So einfach.

Täglich kamen neue Akten auf meinen Tisch. Die Protokolle der unzähligen Befragungen und Vernehmungen schrieb ich, wie üblich, stets selbst, das letzte Blatt der vielen Durchschläge mit Kohlepapier war kaum noch lesbar, selbst wenn man die Tasten mit großer Kraft bediente. Mindestens zweimal wurde ich bei Bombendrohungen eingesetzt, einmal betraf es das Regierungshotel »Astoria«, ein andermal den Leipziger Hauptbahnhof. Solche Drohungen nahmen wir sehr ernst. Wir evakuierten die Gebäude und sperrten weiträumig ab, auch wenn wir wussten, dass es den Tätern nur darauf ankam. Wir Kriminalisten suchten auch nach Sprengsätzen, was insofern halsbrecherisch war: Was hätten wir getan, wenn wir tatsächlich welche gefunden hätten? Wir waren ohne entsprechende Ausbildung und Erfahrung.

Ich fühlte mich unter meinen Kollegen wohl. Es gab regelmäßig politische Schulungen, Dienstsport, der mehrheitlich aus Laufen und Volleyball bestand, einmal im Quartal wurde mit der Pistole geschossen. In Ermangelung einer eigenen schoss ich mit der von Harald Müller. Es handelte sich um eine Kopie der Walther PP, die die Bezeichnung Pistole 1001 (PP) trug, Kaliber 7,65 mm. Sie war zwischen 1963 und 1972 bei der Kriminalpolizei im Einsatz, danach kam die Standardpistole, die bei allen bewaffneten Kräften in der DDR getragen wurde, die sowjetische Makarow mit dem Stern auf dem Griff.

Wir feuerten aus 25 Metern Entfernung sechs Schuss auf eine Scheibe. Meine Resultate blieben mäßig. Trotzdem erhielt ich Befehl, eine Antiterroreinheit aufbauen. In der Hauptabteilung K des Innenministeriums sei, als Reflex auf München, ein Referat IX gebildet worden. Es gebe nun einen Befehl, in den Bezirksbehörden von Rostock, Schwerin, Magdeburg, Potsdam, Erfurt, Karl-Marx-Stadt und eben Leipzig

Leutnant der K Lauter beim Schießtraining

solche Einheiten zu schaffen. Alles natürlich streng geheim.

Mein K-Leiter wies mir ein Zimmer im Dezernat I und einen Pkw »Wartburg« zu. Ich solle mir aus den fast vierzig Volkspolizeikreisämtern der Bezirke Leipzig und Halle vier junge, sportliche und intelligente

Offiziere ohne Westverbindung aussuchen. Und mit denen solle ich anfangen?

Was, bitte schön?

Such erst einmal die Leute!

Bei der ersten Dienstbesprechung in der Hauptabteilung K in Berlin lernte ich meinen fachlichen Vorgesetzten, Oberstleutnant Siegfried Schwarze, kennen. Er und seine Truppe, die bereits seit fast einem Jahr bestand, zeigten mir die Waffen, die wir erhalten sollten, die Pkw mit Sonderausstattung, Ausrüstung und Munition ohne Ende …

Mich beunruhigte, dass die anderen Bezirke ihr Referat IX personell bereits besetzt hatten, sie besaßen Diensträume und zum Teil Trainingsmöglichkeiten. Ich hatte nichts: weder Kader noch Räume, sollte aber laut Ministerbefehl im Bedarfsfall bereits Geiseln im Raum Halle-Leipzig befreien.

Zum anderen schockte mich das mir präsentierte Ausbildungsprogramm. Was dort an Laufleistungen, Kraftübungen, Schießergebnissen mit mir bis dato unbekannten Waffen, Abspringen aus Hubschraubern, Sprengtechniken usw. verlangt wurden, überstieg meine Vorstellungskraft.

Die bereits von der Zentrale für die IX rekrutierten Offiziere kamen mehrheitlich aus der Bereitschaftspolizei, das waren athletisch gebaute Recken, die in Rekordzeiten über die Sturmbahn jagten und ihre Waffen perfekt beherrschten. Völlig klar, man setzte in Berlin auf Kraft und Kondition. Mein Konzept sah anders aus, ich wollte mehr mit Köpfchen, mit List und Verstand Geiseln aus den Klauen von Entführern befreien. Körperliche Ausbildung und Schießen mussten natürlich auch sein, aber das war für mich deutlich die zweite Wahl.

Das, was man von mir forderte, war für mich eine völlig unbekannte Welt. Eigentlich hatte ich bislang keinen einzigen Tag militärischer oder polizeilicher Ausbildung gehabt. Und nun das.

Bereits bei der ersten taktischen Übung fiel ich durch. Bei einer fiktiven Geiselnahme in einer Kleinstadt setzte ich auf Täuschung und bestellte zur Verwirrung der Täter ein Polizeiblasorchester. Noch verwirrter waren jedoch die Vorgesetzten.

Als ich nach knapp zwei Jahren in der Polizei noch immer keine Leute hatte, schickte man mich Anfang des Jahres 1975 ins Ledigenwohnheim der DVP Berlin-Johannisthal. Ich war der einzige Referatsleiter der IX, der mit einer Pistole 1001, einer Kalaschnikow und eine polnischen Klein-MPi PM 63 nebst einem Felddienstanzug der NVA ohne Schulterstücke und Stiefel zu einer dreiwöchigen Ausbildung antreten musste.

Vor dem Karatetraining hatte ich keinen Respekt, hatte ich doch jahrelang Judosport betrieben. Vor dem Schießen mit Pistolen hatte ich schon ein wenig Bammel, ich hatte viel zu wenig Treffer auf der Scheibe bei meinen wenigen bisherigen Versuchen.

Mit gemischten Gefühlen kehrte ich nach Leipzig zurück. Meine Knöchel und Handkanten schmerzten, ich hatte Muskelkater, fühlte mich aber dennoch gut präpariert, den Terroristen das Handwerk zu legen.

Aber mit wem?

Der Leiter des Referats: Planstelle Major der K, also Hochschulabsolvent, die vier Mitarbeiter sollten eine Hauptmannsplanstelle erhalten. Qualifizierte Kader waren überall gefragt, kein Vorgesetzter gab freiwillig einen guten Mann ab, und ich wollte sogar den Besten! Schließlich griff ich auf die Kollegen zurück, die ich kannte – auf Genossen aus dem Dezernat II.

Da war Steffen, ein besonnener, drahtiger Kriminalist, den ich zu meinem Stellvertreter machte. Gerd war ein überaus sportlicher Hallodri, Heinz kannte sich mit Autos aus und mit Sprengstoff. Dieter war der Einzige, den ich aus der Bereitschaftspolizei holte. Auf ihn war ich aufmerksam geworden, als er bei einem Sportfest die Übungshandgranate 75 Meter weit warf.

Wir bezogen unterm Dach der Bezirksbehörde am Dittrichring ein größeres Zimmer mit vier Schreibtischen und eine Art Sekretariat für mich. Die Waffenkammer war gleich daneben. Wenn wir die Feldbetten aufbauten – was später oft genug der Fall war –, wurde es verdammt eng in unserem Kabuff. Mit Steffen holte ich unsere Ausrüstung in Berlin ab. Die Achslast des B 1000 war mit Sicherheit weit überschritten. Jeder bekam ein Scharfschützengewehr »Dragunow« nebst Zielfernrohr und einem überdimensionalen Nachtsichtgerät sowie Patronen für Jahrzehnte, eine Kalaschnikow mit Schulterstütze und Munitionskisten, eine polnische MPi PM 63 mit Munition, Pistolen vom Typ »Makarow«, tschechische KK-Pistolen Zbrojowka, Bajonettmesser, Feldstecher, Kanalarbeiterhosen, Erste-Hilfe-Ausrüstung und weiß der Teufel was sonst noch alles. Uniformen, Schuhwerk, Sportzeug und dergleichen erhielten wir vom Bezirk.

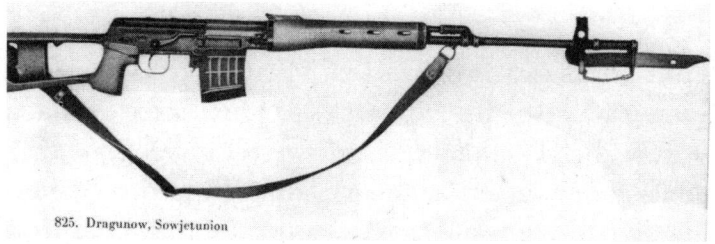

825. Dragunow, Sowjetunion

Das Scharfschützengewehr »Dragunow«

Aus Dresden bekamen wir zwei Pkw »Lada« 2106 – »Löwe 720« und »Löwe 721« – mit Funk, Martinshorn und Blaulicht, das man mit Magnet aufs Dach heften konnte. Unter dem Fahrer- und Beifahrersitz befanden sich maßgeschneiderte Kisten für Sprengstoff und Handgranaten. Auf der Ablage hinter der Rückbank war eine Lederhülle für zwei Präzisionsgewehre in der Farbe der Fahrzeugverkleidung.

Diese rollenden Waffenkammern waren gewöhnungsbedürftig, und im Nachgang bekomme ich Gänsehaut: Es war schon erstaunlich, was einem da mit Mitte Zwanzig an Verantwortung aufgeladen wurde. Gottlob empfindet man dies in solchem Alter nicht.

Und auch was die Einbindung betraf: Im Bezirk hatte ich einen Vorgesetzten, meinen K-Leiter, aber keinen, der mich kontrollieren konnte. Und die Ausbildung unserer Truppe lag auch allein in meinen Händen.

Es gab einen von der »Zentrale« verfügten Ausbildungsplan, den ich eher als Empfehlung benutzte. Es war schwer, einen Schießplatz zu finden, auf dem man auf eine Entfernung von 400 Metern schießen konnte. Nach Monaten des Trainings trafen wir auf dieser Distanz ein Markstück. Aus der internationalen Literatur wusste ich, dass Polizisten weltweit mit der Pistole am häufigsten auf eine Entfernung von 5 bis 15 Metern schießen. Ich legte Wert auf die Einhaltung unserer Norm, mit Ziehen in Combattechnik acht Schuss in fünf Sekunden ins Ziel zu bringen. Und das ging. Wir trainierten bis zum Umfallen: Schießen, Karate, Karate, Schießen, Kraft- und Konditionstraining, Tag für Tag. Munition stand uns fast unbegrenzt zur Verfügung und die körperliche Kampftechnik verbesserte sich fast unbemerkt. Einige meiner Trainingsmethoden hätten meine Vorgesetzten mit Sicherheit nicht gebilligt. Pistole ließ ich nur aus kurzen Entfernungen schießen, und ich stellte mich regelmäßig zwischen die Scheiben. Ich wollte, dass meine Jungs spüren: notfalls müssen wir Menschen töten, und Schießen ist kein Spaß. Ich wusste genau, was sie draufhatten.

Wir fanden einen verlassenen Steinbruch, ausbetoniert mit Bunkeranlagen, in denen in grauer Vorzeit einmal Maschinengewehre an Flugzeugmotoren synchron geschossen worden waren. Wir okkupierten ihn einfach und waren außerhalb jeglicher Kontrolle. Den Steinbruchrand machte ich zum Ausdauerparcour. Den monatlichen Ausbildungsbericht – Ordnung muss sein – schickte ich guten Gewissens nach Berlin. Vor den Sprüngen vom 10-Meter-Turm und den 10-km-Läufen habe ich mich zu drücken versucht, es gelang mir als Vorgesetzter natürlich nicht immer.

Trotz permanenten Trainings grübelte ich über Einsatzkonzepte. Ich hatte ernsthafte Bedenken bei kleinen Antiterroreinheiten, es fehlte zudem an taktischen Maßgaben, an der Psychologie des Umgangs mit Geiselnehmern, und unsere Kommunikationstechnik war einfach miserabel. Ich wusste, dass ich gute Einzelkämpfer an meiner Seite hatte, von denen jeder für den anderen alles geben würde. Aber keiner brachte mir bei, wie ich einen Einsatz zu führen hatte.

Ich hatte für den Ernstfall lediglich eine Idee: Gerd und ich gehen rein, Steffen und Heinz, meine besten Präzisionsschützen, bleiben draußen, Steffen übernimmt notfalls. Dieter, mein Allrounder, sichert und versucht, die Kommunikation aufrechtzuerhalten. Der Rest ergibt sich aus der Lage.

Mit dem Wissen von heute kann man fragen: Brauchte die DDR überhaupt polizeiliche Antiterror-

einheiten? Es wurden keine Entführungen und Terror-
anschläge publik, die DDR erlebte keinen »Deutschen
Herbst« wie die Bundesrepublik anno 1977, kein
Attentat wie jenes auf die Westberliner Diskothek »La
Belle« 1986, keinen Bombenanschlag wie den auf den

Lauter beim Antiterror-Training in der IX

Pan-Am-Flug 103 bei Lockerbie 1988, kein mörderisches Attentat wie das auf Sadat 1981 in Kairo …

Manches, was stattfand, wurde nicht publik oder auf andere Weise vereitelt. Aber die potenzielle Gefahr bestand, und es ist wohl auch dem Wirken des MfS zuzuschreiben, das international gesuchte Terroristen entweder aus Zentraleuropa herausgehalten oder paralysiert werden konnten.

Insofern kein Bedauern, da unsere Einsätze sich in der Regel darauf beschränkten, Deserteure der Sowjetarmee, die mit 24 Divisionen in der DDR präsent war, unblutig festzunehmen, wie es immer hieß. Später, als Fahndungschef der Volkspolizei, wusste ich, dass die »Freunde« stets in Zugstärke unterwegs waren, d. h. rund dreißig Mann wurden immer gesucht. Dabei wussten wir nie, ob sie nach Osten, in die Heimat, oder nach Westen, zum Klassenfeind, wollten. Unbekannt, welche Waffen und wie viel Munition sie mit sich führten, ihre Kommandeure hielten sich bedeckt.

Gedanken machte ich mir auch über unsere zu militärische Ausrüstung. Es gab keine spezifischen Polizeiwaffen. Unsere »Dragunow« schoss zwar schnell, präzise und weit, hatte aber mit 7,65 mm ein viel zu kleines Kaliber. Keine Polizei will töten, aber mit einem kleinen Kaliber kämpft man einen Geiselnehmer nicht unbedingt handlungsunfähig. Und jeder Scharfschütze hat nur eine Chance.

Was sollte ich mit einer Panzerweste aus Titanplatten, die allein 16 Kilo auf die Waage brachte? Dazu kam noch die Bewaffnung, Funk und andere Ausrüstungsgegenstände, die uns zu Packeseln machte.

Man legte absoluten Wert auf die Geheimhaltung, uns gab es nicht. Deshalb wechselten wir täglich unsere Funkchiffren, mit denen Einsatzbegriffe, Zeiten und

Orte verschlüsselt wurden. In den vielen Bereitschafts-
nächten machten wir uns einen Spaß daraus, möglichst
komische Verschlüsselungen zu erfinden. Mein Spit-
zenreiter war: »Hier Gürtelrose! Matrazenkürbis, bitte
kommen!«

Von wegen Konspiration: Die ganze Bezirksbehörde
schaute zu, wenn wir Waffen und Ausrüstung im
Lastenfahrstuhl vom Dach in die Hofgaragen schlepp-
ten. Man hätte schon blind sein müssen, um nicht zu
bemerken, was wir da bewegten.

Theoretisch durfte ich selbst meiner Frau, der Richterin für Familiensachen am Kreisgericht, nichts über
diesen Job erzählen, aber meine unzähligen Be-
reitschaftsdienste, meine Waffe und meine Blessuren
sowie die Schwielen auf den Fingerknöcheln konnte
ich schlecht verbergen. Wir hatten keine Geheimnisse
voreinander.

Ich bin froh, dass ich in meiner Leipziger 9er-Zeit
keine scharfen Einsätze hatte. Einmal wäre es fast
geschehen. Das Dezernat II hatte Michael F., einen
Berufsverbrecher, in der Mangel. Er hatte den Rats-
schatz der Stadt Leipzig aus dem Grassimuseum
gestohlen. Über das Versteck, wo er das Silber depo-
niert hatte, sagte er nichts. Der Schatz blieb verschwunden.

F. trainierte täglich Karate in seiner Zelle. Und
plötzlich war er weg. In der Hofrunde in der Untersuchungshaftanstalt Alfred-Kästner-Straße, bei der nur
ein Angestellter an der Tür Wache stand, hatte er beim
Hinaustreten unbemerkt den Klingeldraht des Postens
durchtrennt. Das war dessen einzige Verbindung zum
Gebäude. Bewaffnet war der Wachposten aus Sicher-
heitsgründen natürlich auch nicht. F. sprang, was
unfassbar war, über einen hohen Abweiser an einen

Blitzableiter, kletterte an diesem auf das Dach des fünf-
stöckigen Gebäudes und entkam über die Dächer
benachbarter Häuser.

Ich habe mir den Fluchtort angesehen: eine un-
glaubliche sportliche Leistung!

Diesmal durften wir ein Fahndungsersuchen mit
Foto in die Ortspresse stellen, auf meine Bitte wurden
die Karatefähigkeiten des Flüchtigen aufgenommen.
Eine Friseuse im Leipziger Stadtbad färbte die Haare
von F. gerade von schwarz auf blond, als sie sein Bild in
der Zeitung sah und die 110 anrief.

Obwohl abgesprochen war, dass wir F. festnehmen
sollten, war die operative Fahndungsgruppe der K
des Volkspolizeikreisamtes schneller als wir.

Wir konnten nur noch zuschauen, wie Uwe Mat-
thias, der spätere K-Leiter der Stadt Leipzig, und
seine Männer einen muskulösen Mann mit grünen
Haaren abführten.

Übrigens hatte F., als er die Polizei später zum Versteck des Silberschatzes auf ein Rieselfeld in der Nähe
Leipzigs führte, ein selbstgebasteltes Schließwerkzeug
für seine Handfessel dabei …

»Aha, verstehe, Knie«, sagte Schwarze und betrachtete das Röntgenbild meiner gebrochenen Nase

Jeden Morgen vor Dienstbeginn nahm ich am Rapport des sogenannten K-Dienstes teil und war dadurch über die polizeiliche Lage im Bezirk vollständig informiert. Am 1. September 1975 lag dicker grauer Nebel über der Stadt. Der K-Leiter rief mich unmittelbar nach der Runde aufgeregt zu sich. »Wir haben einen Flugzeugabsturz in Leipzig-Schkeuditz. Scheiße!«

Das war überhaupt nicht mein Ressort, aber er wollte mein Auto, mein Blaulicht, meine Funkverbindung. Sein Wartburg hatte keinen Funk.

Wir passierten dank unserer Sonderausweise die Flugplatzkontrollen und suchten verzweifelt nach den Trümmern der Chartermaschine vom Typ TU 134, die zur Leipziger Herbstmesse von Stuttgart nach Leipzig gekommen war. Irgendwann fanden wir Wrackteile im dichten Nebel. Es ist kaum zu beschreiben, was wir dort sahen: Tote und menschliche Teile, von der Explosion des Kerosins waren viele verkohlt. Es schien, als gehörten wir zu den ersten, die am Ereignisort waren. Die Interflug-Maschine hatte etwa ein Kilometer vor der Landebahn mit der Tragfläche den Betonmast eines Funkfeuers touchiert, sich überschlagen und war danach explodiert. Die Besatzung im Cockpit hatte überlebt, von den Passagieren starben die meisten.

Ich verbrachte eine fürchterliche Nacht an den Seziertischen des Institutes für Gerichtsmedizin. Es war meines Wissens das erste Mal, dass das MdI der DDR effizient mit einer Bundesbehörde zusammenarbeitete. Der Zahnstatus der Passagiere, diverse Fotos kamen vom Stuttgarter Landeskriminalamt ungeheuer schnell und präzise. Aber genauso schnell und gut arbeiteten unsere Gerichtsmediziner und Kriminaltechniker. Ich denke, ein solches Identifikationsprogramm ist selten mit solcher Genauigkeit und in solcher Schnelle erfüllt worden.

Es lag auf der Hand, dass es sich nicht um einen Terroranschlag handelte. Acht der 34 Insassen, ausnahmslos Geschäftsleute aus Baden-Württemberg, hatten überlebt. Die späteren Untersuchungen ergaben eine Verkettung von schlechten Witterungsbedingungen, menschlichem Versagen und unzureichender technischer Ausstattung des Flugplatzes. 1978 wurde er aufgerüstet, er bekam ein Instrumentenlandesystem und ein permanentes Radarleitsystem. Die *Leipziger Volkszeitung* erinnerte am 15. Juli 2010 an die Katastrophe vor 35 Jahren und berichtete über eine Ausstellung im Delitzscher Barockschloss aus eben jenem Anlass. Man sprach dort von einer »deutsch-deutschen Tragödie« und zeigte unter anderem Ermittlungsakten der Volkspolizei, Haftbefehle, Helferehrungen, Bilder vom Krankenhaus Bergmannswohl, in dem die verletzten Passagiere und die Pilotencrew behandelt wurden, und dergleichen.

Die Macher der Sonderausstellung hatten auch am Flughafen um Unterstützung angefragt. »Der Flughafen hat sich sehr zurückgehalten und auf unsere Anfragen nicht reagiert«, zitiert die *LVZ* die Aussteller und erkundigt sich selber in Schkeuditz. »Auf Nachfrage erklärt Flughafensprecher Uwe Schuhart, dass eine Erinnerung an das Flugzeugunglück nicht geplant sei: ›Eine Gedenktafel wird es nicht geben. Der Absturz ist keine Flughafenangelegenheit, sondern war der Absturz einer Interflugmaschine.‹«

Da waren wir, trotz Kaltem Krieg, schon mal weiter.

Im Mai 1976, im Vorfeld des IX. Parteitages der SED, wurde die zentrale Antiterroreinheit des MdI per Befehl aus den Bezirken verstärkt, als ob der Palast der Republik angegriffen werden sollte. Gerd und ich reisten mit einem Berliner Kennzeichen in voller Kriegsmontur in die Hauptstadt. Auch aus anderen Bezirken waren die Kollegen gekommen. Wir kannten uns alle und wussten, dass wir uns aufeinander verlassen konnten. Es war, wie so oft, unspektakulär und unsäglich langweilig.

Abends kam der Leiter der Hauptabteilung Kriminalpolizei des MdI, Generalmajor Helmut Nedwig. Er führte mit uns das politische Gespräch, in welchem ich mich nicht zurückhielt. Nedwig wollte mich abwerben, ich sollte in Berlin bleiben. Ich müsse zurück nach Leipzig, ich habe dort genug auf dem Schreibtisch zu liegen, sagte ich, außerdem warte meine Frau, sie sei gewählte Richterin in Leipzig.

In dem Augenblick lernte ich wirkliche Macht kennen. General Nedwig griff zum Regierungstelefon, holte einen Vizepräsidenten des Obersten Gerichts der DDR an die Leitung und fragte: Walter, braucht ihr eine junge Richterin? Die Antwort kam sofort.

Ausreden galten nun nicht mehr.

Im Oktober 1976 wurde ich Einsatzgruppenleiter in der Zentrale der IX und getrennt von Tisch und Bett. Man hatte für uns keine Wohnung in Berlin. Meine Frau und die beiden Kinder blieben in dem Rattenloch in Leipzig, ich bezog ein Drei-Bett-Zimmer im Ledigenwohnheim der Berliner Polizei am Großberliner Damm in Johannistal, genannt »das Bul-

Dienstbesprechung mit dem Leiter der Hauptabteilung K, Generalleutnant Helmut Nedwig (stehend)

lenkloster«. Mein Schicksal teilten zwei weitere Offiziere der IX, Lothar und Kuli. Drei Betten, drei Nachttische, drei Schränke, ein Tisch, drei Stühle. Im winzigen Flur befanden sich ein Elektrokocher mit einer Herdplatte und ein Duschklosett.

Ob wir am Wochenende zur Familie konnten oder nicht, entschied sich oft erst am Freitagnachmittag. Waren wieder bewaffnete Deserteure der Sowjetarmee in unseren Wäldern und Kleingärten unterwegs, hieß das: Bereitschaft im »Kloster«. Eine der vier Einsatzgruppen – bestehend jeweils aus drei Mann – saß in der Zentrale ohnehin stets in Bereitschaft.

Lothar, ein Hüne aus Zwickau, und Kuli aus der Lausitz sorgten für Zerstreuung. Kuli brachte einen transportablen Kleinfernseher der Marke »Junost« ein, ich kochte auf der Platte. Beide gewöhnten sich an Pasta mit Tomatensauce und geriebenem Käse. Je nach Benzinlage des Ministeriums erhielten wir für den langen Transfer von der Dienststelle in Pankow-

Heinersdorf in unsere »Abtei« einen normalen Pkw gestellt.

Aber es gab auch harte Zeiten, in denen es früh den langen Marsch nach Oberschöneweide anzutreten galt: Umsteigen am Ostkreuz, von Pankow mit dem Bus weiter und wieder Fußmarsch bis zum Objekt. Die Lust auf die Sporthalle ließ deutlich nach. Lothar, körperlich unangreifbar, kompensierte seinen Frust, in dem er im überfüllten Abteil mürrisch dreinblickende Passagiere in übertriebenem Sächsisch anquatschte: »Endschuldschen Se, bidde, wann gommd denn nu endlich Berlin? Ne' Baumschule ham wir ooch. Ich seh doch gar geen Fernsehdurm!« Und so weiter. Die Berliner lächelten sehr finster … Nur gut, dass wir unsere Pistolen dabei hatten.

Zu meiner Gruppe gehörte neben Kuli auch Peter, ein ehemaliger Nationalmannschaftsboxer. Peter war im Training konditionell kaum zu schlagen, musste aber lernen, dass im Nahkampf Beine und Füße bessere Waffen sind als Fäuste. Ab und an zogen wir uns Boxhandschuhe über, und ich hatte dank längerer Reichweite meist eine Minute gegen Peter, dann gab es einen sanften Dämmerzustand. Mit ihm wäre ich jederzeit »reingegangen«.

In einem solchem Job zählt menschliches Vertrauen. Man musste sich ganz sicher sein, dass man sich blind auf einander verlassen konnte. Solche Dinge sprach man nicht an, man musste sie empfinden. Und wenn man vor die Frage gestellt war: Setzt dein Partner im Ernstfall sein Leben für dich ein?, dann schaute man ihn sich schon genauer an.

So ging es täglich weiter und weiter: Absetzen aus dem Hubschrauber, Schießen, Konditionstraining, Karate, abends das trostlose »Bullenkloster« einschließlich zahlloser Wochenenden. Aus meiner Sicht hatten wir viel zu wenig Taktikausbildung. Einsatzerfahrungen gab es so gut wie keine, wir hätten immer improvisieren müssen, dies allerdings auf einem recht hohen Ausbildungsstand. Wer hätte operative Antiterrorkräfte in der DDR auch ausbilden können? Und doch hätte ich keinem Gegner gewünscht, gegen uns anzutreten. Unsere spezifische Fitness war hoch, aber vor allem das Füreinander-Einstehen.

Bei aller Trainingsroutine gab es auch Abwechslung. Einmal wurde ein Personenschutzkommando für den Innenminister der UdSSR zusammengestellt, der die DDR besuchte. Ich führte eine Gruppe von sechs Mann. Wir hatten keinerlei Erfahrung in diesem Metier. Das von uns angefragte MfS, das über professionelle Personenschützer verfügte, blockte mich wie einen Hinterwäldler ab. Ich erfuhr gar nichts. Natürlich hätten meine besten Nahkämpfer Armeegeneral Nikolai Schtscholokow beim Aussteigen aus seiner Staatskarosse möglichst dicht umringt und versucht, Bedrohungssituationen rasch zu erfassen, wir hätten uns im Ernstfall schützend über den Allunionsminister geworfen und ihn binnen Sekunden aus dem Schussfeld in Sicherheit geschafft. Aber ein Attentat auf den sowjetischen Innenminister, Breshnew-Intimus und sein Wohnungsnachbar in Moskau, war in der DDR nicht zu erwarten.

Unser Schutzbefohlener war zudem eine leichte Aufgabe. Er hielt sich an das Protokoll – bis auf eine Szene. Einkaufen gehörte ganz offensichtlich zu den wichtigen Programmpunkten sowjetischer Staatsbesucher. Der Minister besuchte die Sonderabteilung im dritten Stock des Centrum-Warenhauses am Berliner Alexanderplatz. Dort gab es für DDR-Mark alles, was es normalerweise in der DDR nicht gab. Man musste allerdings über die Protokollabteilung des Ministerrates angemeldet sein, um dort eingelassen zu werden.

Der Minister zog mich an sich und spielte mit einer dicken Geldrolle. Schtscholokow wollte Küchengardinen. So etwas wurde aber in der Sonderabteilung nicht geführt. Da ich einigermaßen Russisch sprach, befahl er mir, ihn die Gardinenabteilung zu bringen. Und dort stand ich wenig später mit dem Mitglied des ZK der KPdSU in einer Hausfrauenschlange, was er nicht lustig fand. Auf Fragen der Verkäuferin, wie groß denn die Küchenfenster seien, konnte er nicht ernsthaft antworten, die Auswahl war ihm wohl auch zu groß. Am Ende kauften wir Gardinen, die für die Ausstattung eines mittleren Hotels gereicht hätten.

Dabei musste ich auch noch meinen Schutzauftrag realisieren: immer körpernah beim Minister, der zu meinem Leidwesen über mich kommunizierte. Irgendwie hielt ich auch noch die rechte Hand in der Nähe der Waffe. Eigentlich eine absurde Situation. Welche der umstehenden Hausfrauen trachtete dem Manne nach dem Leben?

Als Andropow Breshnew beerbte, warf er den Minister aus dem Amte. Er wurde wegen schwerster Korruptionsvorwürfe aus der Geschichte verbannt. Im prächtigen Bildband über die Deutsche Volkspolizei war eine Doppelseite zu sehen, auf der er mit seinem Amtskollegen Dickel Bruderküsse austauschte. Die beiden Seiten wurden auf Anweisung miteinander verklebt. So verschwand er nicht nur aus der Geschichte der KPdSU, sondern auch aus der des MdI.

Irgendwann erhielt ich den Auftrag, einen Einsatz der IX in Frankfurt/Oder vorzubereiten. Dort sollte ein deutsch-polnisches Jugendtreffen stattfinden. Beide

Generalsekretäre wurden erwartet, was Grund genug war, eine Antiterroreinheit in der Oderstadt zu konzentrieren. Bei mir meldete sich zudem ein Kompaniechef einer Polizeibereitschaft, der mit seinen Schützenpanzerwagen in einem nahen Wäldchen zu unserer Unterstützung Stellung bezogen hatte. Aber ich wollte gar keinen Krieg führen! Und was ich mit meiner »schweren Reiterei« in einem Treffen von Zehntausenden ausrichten sollte, konnte ich mir beim besten Willen nicht vorstellen. Und natürlich ging auch dieser Einsatz einsatzlos vorüber. Was hätte auch passieren sollen?

Fast immer, wenn wir mit unseren Ladas das Objekt verließen, folgten uns Fahrzeuge der amerikanischen oder britischen Militärverbindungsmission, die sich ungehindert bewegen konnten. Vielleicht hatte sie unser skurriler Funkverkehr zwischen »Bananenigel« und »Hamsterschnecke« neugierig auf uns gemacht. Fotos von uns gab es mit Sicherheit. Aber so richtig geheim waren wir auch nicht und vor allem keine militärische Bedrohung für die NATO.

Nach fast zwei Jahren Trennung geschah das lange Versprochene: Es gab eine Wohnung in Berlin, in der Nähe des S-Bahnhofs Storkower Straße, Schule und Kindergarten waren ohne Hindernisse erreichbar. Es gab in der neuen Wohnung Fernwärme, Warmwasser, einen Aufzug, Müllschlucker, eben alles, was einen WBS 70 Neubau ausmachte. Meine Frau wurde im Zivilsenat des Obersten Gerichts der DDR eingeordnet. Die Welt war für die Familie wieder in Ordnung.

»Else« war inzwischen zu »Emil« mutiert, den Berliner Roller hatte ich gegen einen gebrauchten Trabant 601 eingetauscht, der uns zuverlässig und bar jeden Komforts von A nach B brachte. Im Wohngebiet wurde ich Vorsitzender der Hausgemeinschaftsleitung, Mitglied des Elternbeirates der Schule, Spieler in der Volleyballmannschaft in der Schulsporthalle, Jogger im Wohngebiet, samstäglicher Beutelträger von der Kaufhalle am S-Bahnhof nach Hause. Tagsüber spielte ich Indianer, abends machte ich in Familie, wir besuchten Konzerte, Theater, Sauna, es passte irgendwie.

Bis auf den Einsatz in Karl-Marx-Stadt. Wir wurden in die Bezirksstadt beordert, um den Ausbildungsstand der dortigen IX zu überprüfen. Der Leiter war aus disziplinarischen Gründen ausgewechselt worden, der neue hatte noch nicht richtig Tritt gefasst.

Beim abschließenden Training setzte mir »Eisen-Schubert« einen mörderischen Empi-Uchi aufs Nasenbein. Normalerweise waren wir darauf trainiert, dass der Schlag Millimeter vor dem Ziel abgefangen wurde. Die schreckliche Wirkung der »leeren Hände« – Kara Ate – kommt von ihrer Geschwindigkeit, die durch absolute Konzentration auf die Rücknahme der Technik entsteht sowie einer Drehbewegung bei der Berührung. »Eisen-Schubert« hatte es vermasselt – und ich ein gebrochenes Nasenbein nebst einem netten Brillenhämatom. Da konnte auch der Arzt nichts machen.

Ich meldete meine Kontrollgruppe am Montagmorgen beim Chef, Oberstleutnant Schwarze, zurück und einen Dienstunfall. Ich übergab ihm den Umschlag mit dem Röntgenbild meiner demolierten Nase. Er hielt das Bild gegen das Fenster: »Aha, verstehe, Knie!«

Unterwegs mit Breshnews Schwiegersohn

Es war Sommer 1978, als ein Melder in der Sporthalle beim Training erschien und mir die Weisung überbrachte, mich 11 Uhr beim 1. Stellvertreter des Innenministers, Generalleutnant Rudolf Riss, zu melden. Ich hatte keine Vorwarnung, wusste nicht, worum es gehen sollte. Für eine Bestrafung war die Position des reellen Polizeichefs der DDR viel zu hoch – ich war Hauptmann der K, das war nicht seine Ebene. Es konnte sich eigentlich nur um einen speziellen Einmann-Auftrag handeln.

Ich erschien pünktlich im Vorzimmer und war natürlich mehr als aufgeregt. Riss eröffnete mir lakonisch und trocken, was seine Art war, dass ich ab sofort sein persönlicher Mitarbeiter sei. Hä? Die Mitteilung kam so überraschend wie sie unverständlich war. Nie zuvor hatte es Andeutungen oder gar Hinweise auf eine solche Berufung gegeben, wie kam er dazu, oder anders gefragt: Wie kam ich dazu?

Was kannte ich, was wusste ich im Metier? Als Untersuchungsführer in Leipzig hatte ich wenig Erfahrungen sammeln können, dito als Leiter der Antiterroreinheit, was ich immer als Indianerspiel verstand. Wie und was sollte ich dem Chef der Polizei, die zentral geführt wurde, inhaltlich zuarbeiten können? Natürlich war ich mir im Klaren darüber, dass ich die Schinderei in der IX nicht bis zur Rente würde durchstehen können, so weit plante ich nicht, wobei: Persönliche Planung in einem hierarchisch organisierten

System ist ohnehin kaum möglich. Da gilt das Prinzip der Subordinationen, jeder hat immer noch einen vor oder über sich, der entscheidet, wo's langgeht. Befehl und aus, keine Diskussion, keine Widerrede. Und als allerletztes Druckmittel blieb der Parteiauftrag, das war so, als habe Gottvater gesprochen.

Ich beugte mich also einsichtig der vermeintlichen Notwendigkeit und fragte mich als Nächstes, was ich in dieser Funktion überhaupt zu tun hätte. Das bekam ich bald schon mit.

Die dem 1. Stellvertreter des Ministers unterstellten Hauptabteilungsleiter – die Chefs der Dienstzweige Schutz-, Kriminal-, Verkehrs- und Transportpolizei, des Betriebsschutzes sowie des Pass- und Meldewesen, Generäle durch die Bank – leiteten ihre Apparate mit Befehlen, Weisungen, Ordnungen und Instruktionen. Dort wurde täglich Papier produziert, viel sogar. Bevor mein Chef das in der Hierarchie des Ministeriums entweder selbst unterschrieb oder dem Minister vorlegte, bekam ich das Papier zur Prüfung auf den Tisch. Riss musste auch Dokumente anderer Stellvertreter mitzeichnen, soweit sie die Polizei betrafen usw. So landete ziemlich viel auf meinem Schreibtisch. Kurzum: Ich wurde Verwalter und Weiterreicher und Ausarbeiter von Papieren, ich war, ums ein wenig zynisch zu formulieren, vom Schützen zur Schießbudenfigur gemacht worden.

Ich bekam bald die Prioritäten- und Angstliste diverser Runden und Papiere mit. Allseits gefürchtet waren die Vorlagen für das Kollegium des MdI. Der Halbjahresarbeitsplan des Ministers bestimmte, welcher seiner sieben Stellvertreter welche Vorlagen auf welchen Sitzungen, die im 14-Tage-Rhythmus stattfanden, einzubringen und zu vertreten hatte. Der Leiter der erarbeitenden Hauptabteilung oder Verwaltung, das war die Ebene der Generalmajore, wurde zu seinem Tagesordnungspunkt zugelassen.

Nach der Begründung durch den Einreicher, alles rotstreifig, also Geheime Verschlusssache, gab es einen mitunter lauten Monolog des Ministers. Friedrich Dickel, äußerlich ein eher ruhiger, introvertierter Mann, konnte geradezu explodieren. Er zerriss Papier und Verfasser in der Luft. Der angebrüllte General musste sich dabei wie ein Schuljunge von seinem Platz erheben und strammstehen.

Dickel, ein Gießer aus dem Ruhrgebiet, war mit Mitte 20 Kompaniechef im Thälmann-Bataillon der Internationalen Brigaden in Spanien und 1937 über Nordafrika in die Sowjetunion gegangen. Von dort hatte ihn der militärische Nachrichtendienst erst nach Finnland, dann nach China geschickt, 1943 war der sowjetische Kundschafter von einem japanischen Militärgericht verurteilt worden. 1946 kehrte Dickel nach Deutschland zurück, baute in Leipzig die Volkspolizei auf, führte später die Schule der Kasernierten Volkspolizei in Berlin-Treptow, absolvierte die Generalstabsakademie in Moskau und wurde 1963, in der Nachfolge von Karl Maron, Innenminister der DDR. Das sollte er bis zum 17. November 1989 bleiben.

Da mir mein Chef die Kollegiumsvorlagen sowohl seines Bereiches als auch die, die er mitzeichnen musste, zur inhaltlichen Prüfung übergab, bemühten sich die tatsächlichen Erarbeiter, mit mir vorab in Kontakt zu kommen, um eine mögliche Manöverkritik durch Dickel zu vermeiden. Ich wurde unfreiwillig zur Sicherung.

Dadurch entstand für mich ein Netzwerk aus den Hauptabteilungen und Verwaltungen. Die Verbindung zu den Erarbeitern, also den »Machern, sollte sich auf Dauer für die Beteiligten als sinnvoll erweisen. Ich war ihnen nützlich, weil ich einer der wenigen Juristen im MdI war. Zum Zweiten erhielt ich durch meine Funktion Kenntnis von allen Prozessen und Vorgängen aus den verschiedenen Bereichen des Ministeriums. Ich gewann nach und nach einen Über- und Einblick in die wesentlichen sachlichen und personellen Zusammenhänge in der Zentrale. Ungewollt befand ich mich plötzlich auf dem Feldherrnhügel, und auf manch dadurch erworbene Erfahrung hätte ich gern verzichtet. Zitternde Generäle zum Beispiel, denen vor Angst die Knie in den Uniformhosen mit den roten Biesen schlotterten. Gestandene Männer, die den Nazis getrotzt und die schweren Jahre des Nachkriegs durchlitten hatten, fürchteten sich vor ihresgleichen. Er war doch ihr, unser Genosse? Wovor hatten sie Angst, warum meinten sie sich krumm machen zu müssen? War's der überzogene Anschiss vorm Kollektiv? Es traf doch alle, heute diesen, morgen jenen. Und, mit Verlaub, es ging um Papier und Parolen, nicht um Menschenleben.

In der Ebene darunter ging es fair zu, es war ein gutes, kollegiales, freundliches Miteinander.

Die Kollegiumsvorlagen wurden stets nach dem gleichen Muster gestrickt: Lagebeurteilungen und Analysen und Schlussfolgerungen, nicht länger als zehn Seiten. War's länger, war der Einreicher schon erledigt.

Zwei oder drei Jahre gelang es mir, mich als *Major der K* und in Zivil zu behaupten, an einem Nachmittag pro Woche trieb ich bei meiner IX Sport. Aber dann machte mein Generalleutnant mich zum *Major der VP* und ich musste Uniform tragen. Und: Da die Papierberge in meinem Panzerschrank unablässig wuchsen, wurde auch der Sport gestrichen. Ich war in der ministerialen Bürokratie verschwunden, auf- oder untergegangen, wie man es will.

Zu den nervigsten Übungen gehörten bald die meist überdimensionierten Festveranstaltungen. Es gab regelmäßig Jahrestage, die festlich begangen wurden. Wobei mich weniger die Zusammenkünfte störten. Es waren die Reden, die ich für meinen Chef zu schreiben hatte. Ich wollte jedesmal originell sein, verarbeitete Geschichte und Gegenwart, suchte nach neuen Zugängen, wiewohl ich mir sicher war, dass kaum einer von den Hunderten im großen Saal des MdI zusammengetrommelten Mitarbeitern aufmerksam zuhörte und die Arbeit bemerkte, die in dieser Rede steckte.

Meinen Redeentwurf schickte Generalleutnant Riss jedesmal in die Politische Verwaltung, um den Text dort »absegnen« zu lassen. Das gehörte zur üblichen Praxis in der DDR: Wichtige Reden – und jede öffentliche Rede war a priori wichtig – mussten zuvor der zuständigen Instanz zur Begutachtung vorgelegt werden. Die Politbüromitglieder präsentierten sie dem Generalsekretär, Minister dem Chef des Ministerrates, Stellververtretende Minister ihrem Chef. In der Regel kam mein Text mit dem Hinweis zurück: »Genosse, da fehlen die politischen Normteile!« Beim ersten Mal stellte ich mich unwissend und bat um entsprechende Ergänzungen. Es handelte sich, keineswegs unerwartet, um Zitate aus der jüngsten Honecker-Rede.

Zweimal im Jahr rief Generalleutnant Riss die Stellvertreter Operativ der Chefs der BDVP zusammen. Das war seine Funktion, aber auf Bezirksebene. Vor dieser Begegnung arbeiteten ihm seine Hauptteilungen zu. Ich machte aus diesen sechs Referaten eines und formulierte den Einstieg mit politischer und polizeilicher Lageeinschätzung. Die Reduktion erfolgte mit Schere und Leim.

Das Resultat wurde selten geändert, was wohl ursächlich verhinderte, dass ich zur K zurückkehren konnte, was mein sehnlichstes Wunsch war. Denn bei allem Engagement: Meine Erfüllung fand ich in dieser Tätigkeit nicht. Ich wollte wieder draußen, im Leben, aktiv sein und nicht als Bürokrat in einer Behörde, und sei diese noch so wichtig, versauern.

Und auch mein Chef hatte seinen Schtscholokow. Der hieß Juri Tschurbanow, war Jahrgang 1936 und bereits Generaloberst. Kein Wunder: Er war mit Galina Breshnewa verheiratet und Schwiegersohn des Generalsekretärs. Seit 1980 war er 1. Stellvertreter des sowjetischen Innenministers und somit der Amtskollege von Generalleutnant Riss, der ihn regelmäßig einlud. Der Russe wurde, protokollarisch höchst ungewöhnlich, auch jedesmal von Honecker empfangen.

Ich musste den DDR-Besuch stets vorbereiten und den Vizeminister ständig begleiten. Tschurbanow war stinküberheblich, insofern überraschte es mich, dass er einen jüngeren Major als Begleiter überhaupt akzeptierte. Aber vermutlich war es Kalkül: Er war auf mich angewiesen, etwa zur Realisierung seiner Wünsche. So verlangte er beispielsweise eine Pudelschermaschine, um die ihn seine Schwiegermutter, also die Frau des Generalsekretärs, gebeten hatte.

Kaum war der Wunsch ausgesprochen, wurde Himmel und Hölle in Bewegung gesetzt, um diesen speziellen Rasierapparat zu besorgen. Es gab keinen Laden in Berlin, wo man einen solchen kaufen konnte. Wie sich zeigte, produzierte eine Werkzeugfabrik im thüringischen Schmalkalden auf Bedarf kleine Serien davon. Die Polizei in Suhl wurde in Marsch gesetzt und requirierte dort ein Muster. Eine Stafette aus Funkstreifenwagen brachte die politisch wertvolle Fracht rechtzeitig vor dem Abheben der AEROFLOT-Maschine zum Flughafen Berlin-Schönefeld. Der Vollständigkeit halber: Tschurbanow wurde 1987 wegen Korruptionsverdacht verhaftet und von einem Militärtribunal zu zwölf Jahren Lagerhaft verurteilt; Präsident Jelzin verfügte 1993 seine vorzeitige Entlassung.

Ein anderer Gast meines Chefs war Brigadegeneral Stanislaw Zaczkowski, der Hauptkommandant der polnischen Bügermiliz. Auch für seinen jährlichen Besuch hatte ich die Vorbereitung zu übernehmen. Es gab Treffen in Bezirksbehörden, bei denen tatsächlich über Polizeiarbeit gesprochen wurde. Im Dezember 1981 war alles anders. Der Brigadegeneral bat im Vorfeld, zu den Besprechungen den Stellvertretenden Minister und Leiter der Versorgungsdienste des MdI, Generalleutnant Rudolf Tittelbach, hinzuzuziehen und möglichst keine Kulturveranstaltungen zu besuchen, außerdem müsse er zeitiger als geplant nach Warschau zurückkehren. Zaczkowski kam Anfang Dezember nach Berlin, ich nahm an allen Besprechungen teil und schrieb die Protokolle, meist noch in unserem Gästehaus in Zeuthen. Diese wurden mir geradezu aus der Hand gerissen und landeten gewiss umgehend auf dem Tisch des Generalsekretärs, was mit der angespannten Situation in Polen zusammenhing. Brigadegeneral Zaczkowski teilte mit, dass in wenigen Tagen das Militär die Macht übernehmen werde und bat um logistische Hilfe. Die Miliz verfüge nicht über genügend Schützenpanzerwagen und brauche eine größere Anzahl davon. Generalleutnant Tittelbach meinte nach kurzem Überlegen, dass das wohl gehen würde, und der polnische General sicherte zu, dass seine Techniker kurzfristig polnische Hoheitszeichen anbringen würden. So geschah es.

Am 13. Dezember ging die Nachricht um die Welt, dass ein Armeerat der Nationalen Errettung, an dessen Spitze General Jaruzelski stand, den Ausnahmezustand verhängt habe. Das Kriegsrecht in Polen sollte, was damals noch nicht absehbar war, bis zum 22. Juli 1983 in Polen gelten. Bundeskanzler Helmut Schmidt, der seit zwei Tagen in der DDR weilte, wurde von dieser Nachricht überrascht. Er fragte Honecker, ob er von den Plänen des polnischen Militärs gewusst habe, und dieser antwortete, er sei ebenfalls davon überrascht worden. Was hätte er auch sonst sagen sollen?

Im Jahr 1982 eröffnete man mir, dass meine weitere Qualifizierung beschlossen worden sei, ich solle ein Fernstudium an der Parteihochschule »Karl Marx« beim ZK der SED aufnehmen. Das würde fünf Jahre dauern und mich für höhere Aufgaben prädestinieren.

Die Entscheidung war bereits gefallen, ich konnte also nur zustimmend nicken. Ich besuchte Vorlesungen von sehr unterschiedlichem Niveau, absolvierte Wochenendlehrgänge und opferte verdammt viel Freizeit für das Selbststudium. Manches interessierte mich, vieles eher nicht. Nach Verteidigung meiner Diplomarbeit 1987 durfte ich mich Diplomgesellschaftswissenschaftler nennen. Das Beste am Studium war, dass ich an der Parteihochschule auf Menschen meiner Generation aus unterschiedlichen Bereichen traf. Wir tauschten uns offen über die Lage im Lande aus, es war ein kritischer Blick auf die Entwicklung der DDR und des sozialistischen Lagers. 1985 hatte in Moskau ein Wechsel an der Parteispitze stattgefunden, der neue Generalsekretär verhieß Umgestaltung der gesellschaftlichen Verhältnisse und mehr Transparenz, was zunächst unseren Beifall und Zustimmung fand. Doch zunehmend machte sich auch Skepsis breit: Es schien viel heiße Luft aus Moskau zu kommen, manches war wenig durchdacht.

Mein Chef, Generalleutnant Rudolf Riss, war 1985 verstorben, unerwartet und viel zu früh, wie man immer sagt, wenn der Tod überraschend eintritt. Damit hatte sich auch meine Funktion erledigt, sein Nachfolger brachte seinen eigenen Referenten mit ins Amt. Ich wurde als Oberstleutnant der K in die Hauptabteilung Kriminalpolizei des Ministeriums versetzt, zu meiner eigenen Verblüffung als Offizier für Fahndung in die Abteilung V.

Adams Geschmeide
und der Genosse Zufall

Von Fahndungsarbeit hatte ich so gut wie keine Ahnung und folglich auch keine praktischen Erfahrungen. Schnell stellte sich auch der Grund für meine Versetzung heraus: Der bisherige Abteilungsleiter wurde auf einen Einsatz als Polizeiberater in Damaskus vorbereitet. Ich sollte ihm alsbald in der Funktion als Fahndungschef der Volkspolizei nachfolgen.

Leiter der HA Kriminalpolizei seit 1987 war Generalleutnant Helmut Nedwig, ein arbeitswütiger, strenger und unberechenbarer Vorgesetzter. Nedwig war nicht nachtragend, aber er vergaß nichts. Er machte es sich zur Aufgabe, wie ich bald zu spüren bekam, mich »hart« zu machen. Ich schien ihm zu weich, zu nachsichtig, zu verständnisvoll. Die Klassenauseinandersetzung war hart und unerbittlich, also mussten wir es auch sein.

Mein unmittelbarer Vorgesetzter war Oberst Dr. Karl-Heinz Speckhardt, ein äußerst erfahrener, aber auch ein wenig rauhbeiniger Kriminalist. Ihm unterstanden die Arbeitsrichtungen, die für die Aufklärung von Straftaten zuständig waren. Dazu brauchte man viel Wissen über den Beruf und die Kenntnis aller wichtigen Leute im Dienstzweig, bis hin zu den Kreisen.

Am Anfang nahm mich Speckhardt nicht wahr. Jeden Morgen fand noch vor Dienstbeginn der Rapport des K-Dienstes in seinem Dienstzimmer statt, an dem die Abteilungsleiter teilnahmen. Dort wurde vom jeweiligen K-Dienst – Offiziere, die 24 Stunden Dienst hatten – die kriminalpolizeiliche Lage vorgetragen. Hierzu gab es ein streng hierarchisches Informationssystem vom Kreis zum Bezirk und von dort zum MdI. Das Fax war noch nicht erfunden und so liefen alle Meldungen über Fernschreiber. Der Oberst erteilte dann Weisungen an die Abteilungen, befahl Mitarbeiter vor Ort und ließ sich von den Stellvertretern Untersuchung über den Stand bestimmter Ermittlungen informieren. Dieses Arbeitsprinzip wurde auch in den Abteilungen praktiziert.

Bei meiner ersten Teilnahme am Rapport knurrte mich Speckhardt vor versammelter Mannschaft an: »Und wer sind Sie?«

Dabei wusste er genau, dass ich sein Abteilungsleiter Fahndung war, schließlich hatte ich mich ihm bereits vorgestellt.

Zu meiner Abteilung gehörten fünf Fahndungsoffiziere und die 5-K-Dienste. Fahndung ist ein grundlegendes Element der Polizeiarbeit, es geht um die Suche nach Personen und/oder Sachen. Darin wurde die gesamte Volkspolizei einbezogen. Das geschah über sogenannte Fahndungsbücher, die wir laufend aktualisierten. Bei der morgendlichen Besprechung wurden die aktuellen Fälle erörtert und die Genossen eingewiesen. Wir unterschieden verschiedene Fahndungsstufen, unterschieden nach Dringlichkeit und nach Ausweitung auf mehrere Kreise, Bezirke oder die ganze Republik. Zudem gab es die Dauerfahndung nach Personen oder Sachen. Dabei wurde nicht aktiv gesucht, sondern im Rahmen normaler Polizeiarbeit geprüft. Bei Eilfahndungen der Stufen II und I suchten die auslösenden und mitersuchten Dienststellen bereits aktiv nach einem Objekt oder einer Person, und bei Großfahndungen konzentrierte sich die gesamte Polizeiarbeit in den betreffenden Bereichen auf diese einzige Aufgabe.

Manche Fahndungen blieben im Gedächtnis, einige wegen ihrer Tragik, andere wegen ihrer Kuriosität. Brisante Situationen entstanden, wenn Soldaten der Sowjetarmee bewaffnet getürmt waren. Die örtlichen Kommandeure informierten uns nur sehr zurückhaltend. Wir wussten selten bis nie, was in der Kaserne vorgefallen war. Das war jedoch erheblich. War dort schon geschossen worden? Wenn ja, was nicht selten der Fall war, erhöhte dies bei der zu erwartenden drakonischen Strafe die verzweifelte Entschlossenheit des Deserteurs. Unsere Fährtenhundeführer ließ man oft nicht ins Objekt, ich vermute, dass dies weniger dem Sicherheitsbedürfnis, sondern mehr der Scham geschuldet war: Wir sollten die bescheidenen Soldatenunterkünfte nicht sehen.

Ein weitaus größeres Problem stellte die Tatsache dar, dass die Kommandeure Truppen ausschickten, um auf eigene Faust den oder die Geflohenen festzunehmen. Dies war im Stationierungsabkommen von 1955 so nicht vorgesehen. In ihren Objekten konnten sie tun, was sie wollten, aber für die Fahndung im übrigen Territorium der DDR war eindeutig die Volkspolizei zuständig. Ich als junger Oberstleutnant konnte das nur schwer einem sowjetischen General, der schon Panzer und Artillerie auffahren ließ, klar machen. Mancher Kommandeur sah sich noch immer als Befehlshaber einer Besatzungsmacht.

Unsere besten Partner bei solchen Fahndungen war eine in Potsdam stationierte Abteilung der militärischen Abwehr der Gruppe der sowjetischen Streitkräfte in Deutschland. Von den Mitarbeitern um Oberst Bjelow erhielten wir präzise, vernünftige Informationen. Über diese Verbindung gelang es, manch allzu selbstbewussten Kommandeur zu umgehen.

Einmal mussten wir eine Großfahndung im Kreis Parchim im Bezirk Schwerin auslösen. Die Spuren des flüchtigen Sowjetsoldaten waren recht deutlich zu erkennen. Er mied Städte, stahl aus Gartenlauben Lebensmittel und Bekleidung. Wir verfolgten seinen Weg, am Ende konzentrierte sich alles auf Krivitz an einem schönen See zwischen Schwerin und Parchim.

Ich war vor Ort und mit einer polnischen PM 63 aus dem Bestand meines K-Dienstes bewaffnet. Meine Anwesenheit galt nicht der Einsatzleitung vor Ort, die ich weder bevormunden noch kontrollieren wollte. Ich hielt Verbindung zu Potsdam und wollte, sofern nötig, weitere Spezialkräfte aus anderen Bezirken heranziehen, unter Umständen Hubschrauber oder eine Stöbermeute aus der Diensthundeschule in Pretzsch an der Elbe anfordern. Die Lage eskalierte.

Der Soldat war in ein Bauernhaus eingedrungen und hatte die Familie eines LPG-Bauern als Geiseln genommen. Die Schweriner IX unter Leitung meines Freundes Manfred, der wie ich aus der K kam, und Bereitschaftspolizei waren vor Ort. Und sowjetische Generäle. Diese schlugen allen Ernstes vor, Artillerie einzusetzen. Das war inakzeptabel.

Der Innenminister meldete sich aus Berlin: »Ihr sichert, die Freunde handeln!«

Diesen Befehl konnte ich nicht ausführen. Es war das erste und einzige Mal, dass ich mich verweigerte. Schließlich ging es um das Leben von DDR-Bürgern. Unser Verfassungsauftrag forderte, diese zu schützen!

Mit Manfred verabredete ich, dass sein bester Mann, verkleidet als Bauer, ins Haus gehen sollte, um seinen »Kollegen« zu fragen, warum er nicht zur Arbeit auf dem Feld erschienen sei. Danach sollte er situativ handeln, wie es in polizeideutsch hieß.

```
                        B E F E H L

                des Oberkommandierenden der
        Gruppe der sowjetischen Streitkräfte in Deutschland

                         Nr. 51

        über die Auszeichnung von Mitarbeitern des MdI der DDR


        29. April 1986




        An Maßnahmen, die in der Gruppe der sowjetischen Streitkräfte
        durchgeführt wurden zur Fahndung nach sowjetischen Armee-An-
        jehörigen, die ohne Erlaubnis ihren Truppenteil verließen,
        nahmen Mitarbeiter des Ministeriums des Innern der DDR aktiv
        teil. Mit Initiative und hoher Sachkenntnis erwiesen sie bei
        der rechtzeitigen Fahndung qualifizierte Hilfe. Durch die Or-
        gane für öffentliche Ordnung der Republik erfolgte die Fest-
        nahme von über einem Viertel der Personen, die sich ohne Er-
        laubnis von ihrem Truppenteil entfernt hatten. Allein in letz-
        ter Zeit gaben sie Unterstützung bei der Fahndung nach Leutnant
        Skitew, der sich einem Ermittlungsverfahren entzogen hatte,
        nach dem lange abwesenden Fähnrich Buganzewa, nach dem Solda-
        ten Kowalyk und anderen.

                    I C H   B E F E H L E :

        Für gezeigtes hohes Pflichtbewußtsein und Initiative bei der
        Erfüllung gemeinsamer Maßnahmen zur Fahndung nach Armee-Ange-
        hörigen wird der Dank ausgesprochen und mit einem wertvollen
        Sachgeschenk ausgezeichnet:

        1. Oberst Dr.    Speckhardt, Karl-Heinz - mit einem Fotoapparat
                                                   "Zenit-ET"

        2. Oberst        Freye, Berthold        - mit einem Fotoapparat
                                                   "Zenit-ET"

        3. Oberstltn.    Lauter, Gerhard        - mit einem Rundfunkgerät
                                                   "Rossia-303"

        4. Oberstltn.    Rietzschel, Berndt     - mit einem Rundfunkgerät
                                                   "Rossin-303"

        5. Major         Reffke, Heinz          - mit einer Armbanduhr
                                                   "Wostok-Amphibia"

        6. Major         Mende, Dieter          - mit einer Armbanduhr
                                                   "Wostok-Amphibia"


                    Oberkommandierender
        der Gruppe der sowjetischen Streitkräfte in Deutschland

                    gez. P. Luschew
                    Armeegeneral
```

Auszeichnung für den Einsatz bei der Suche nach einem desertierten Sowjetsoldaten, 1985

Gesagt, getan, der Mann aus der Antiterroreinheit schlenderte über die Straße und betrat das Haus. Nach unendlich langer Zeit drang aus dem Haus das bekannte Rattern. Das war eine Salve aus der Kalaschnikow. Ach du Scheiße, dachte ich, der Russe ist durchgedreht.

Wenig später torkelte unser Mann aus dem Haus. Offensichtlich unversehrt, wie ich beim Blick durchs Fernglas feststellte. Er hielt sich aber die Hand, aus der Blut tropfte.

Kurz darauf erschien der Russe in der Tür, über dem Kopf die Maschinenpistole – er ergab sich. Das sowjetische Greiferkommando stürmte mit gezogener Waffe aus dem Versteck. Ohne Widerstand ließ sich der Deserteur zu Boden werfen und fesseln. Mit Samthandschuhen fassten sie ihren Landsmann wahrlich nicht an.

Wir kümmerten uns um unseren Genossen. Ihm fehlte ein Finger. Ein Querschläger der ungerichtet abgefeuerten Salve hatte diesen getroffen und abgerissen. Glück im Unglück, wir atmeten erleichtert auf. Das hätte ins Auge und noch tiefer gehen können …

Dennoch stand ich zu meiner Entscheidung. Und ich nahm alle Verantwortung auf mich.

Wenig später erlebte ich eine ähnliche Situation in Eisenach. Die Nähe zur Staatsgrenze sorgte für zusätzliche Brisanz. Vom Gesuchten gab es verschiedene mögliche Spuren, sie passten jedoch nicht so recht zueinander, um dessen Ziel- oder Bewegungsrichtung festzustellen. Sowjetische Einheiten waren ausgerückt und durchkämmten den Wald am Fuße der Wartburg. Oberst Wirth, der Leiter des dortigen VPKA, versuchte diese Einheiten in seine Maßnahmen zu integrieren, vermochte es aber nicht zu verhindern, dass sich Jäger und Gejagter in einem Maisfeld auf den Hörselbergen ein Feuergefecht lieferten.

Ich war mit Michael Stäbler, dem Fahndungschef des Bezirkes Erfurt, unterwegs, wenn wir nicht gerade an den Lagebesprechungen teilnahmen, seit jenem Tag sind wir miteinander befreundet.

Uns erreichte ein Hilferuf vom in der Nähe von Wilhelmstal befindlichen Campingplatz. Ein Brautpaar wollte seinen Hochzeitstermin in Eisenach wahrnehmen, traute sich aber nicht wegen der Schüsse. Nach kurzem Bedenken schickten wir ihnen einen Schützenpanzerwagen der Bereitschaftspolizei. Sie werden, vermute ich, diese Fahrt zur Trauung nie vergessen haben. Selbst für den Fall, dass diese Ehe nicht mehr besteht.

Über Polizeifunk kam die Meldung, dass sich der Gesuchte eventuell auf der »Hohen Sonne«, einem beliebten und stark frequentierten Ausfluglokal, befinde. Wir waren in der Nähe, und ich bat die Einsatzleitung, nicht die »Kavallerie« zu schicken. Wir zogen noch im Pkw die Sakkos aus, krempelten die Ärmel auf, die Pistolen steckten wir vorschriftswidrig hinterrücks in den Hosenbund.

Aber unser Fahndungsziel war definitiv nicht am Ort, auch nicht auf einer Toilette.

Unterdessen hatte der Fährtenhundeführer des Dezernates IV (Kriminaltechnik) mit seinem Schäferhund eine Spur aufgenommen. Die Erfurter IX sicherte ihn. Aus einem Brombeergestrüpp eröffnete der Deserteur überraschend das Feuer auf den Hundeführer, einen jungen Kriminalobermeister, und traf ihn tödlich. Die Männer der IX gingen in Deckung und erwiderten das Feuer. Am Ende war auch der gesuchte Soldat tot.

Fassungslos brachte mich Micha nach vielen schlaflosen Stunden ins Gästehaus der BDVP nach Erfurt. Mir fiel es sehr schwer, den Kranz unserer Hauptabteilung auf den Friedhof nach Waltershausen zu bringen, wo der Volkspolizist beigesetzt wurde.

Es war der zweite Mord an einem Genossen, von dem ich während meiner Berliner Dienstzeit Kenntnis nehmen musste. Einige Jahre zuvor war der junge Streifenwachtmeister Lutz Lawrenz mit seiner eigenen Dienstwaffe erschossen worden. Der Täter, der nie gefunden wurde, hatte sie ihm entrissen und abgedrückt. Trotz des immensen Ermittlungs- und Fahndungsaufwands, der in diesem Fall betrieben wurde, konnte der Fall nie aufgeklärt werden.

Natürlich beschäftigte mich die Frage, warum sowjetische Soldaten desertierten. Ihnen waren die Konsequenzen der Fahnenflucht bewusst, in allen Armeen der Welt wurden Deserteure bestraft. Was veranlasste sie, aus ihren Einheiten zu flüchten und sich den Weg freizuschießen? Waren die Lebensumstände in den Kasernen allgemein so unerträglich? Oder standen einzelne derart unter dem Druck ihrer Kameraden, dass sie nur einen Ausweg für sich sahen: Suizid oder Fahnenflucht? Wir erfuhren es nie.

Aber es gab ja nicht nur Todesfälle, die aufzuklären waren, sondern auch Kapitalverbrechen.

Kammersänger Theo Adam hatte für einen Auftritt vor Kaiser Hirohito in Japan ein mehrteiliges Edelmetallgeschmeide geschenkt bekommen. Es befand sich in einem violetten Lederattaché und dieses wiederum in seiner Villa am Dresdner Stadtrand. Bei einem Einbruch wurde dieser wertvolle Koffer entwendet. Der Dieb war jedoch so nett und hinterließ auf dem eingeschlagenen Badezimmerfenster seine Fingerabdrücke.

Wir wussten in wenigen Stunden, nach wem wir fahnden mussten. Es handelte sich um einen erst unlängst aus der Haft entlassenen Kriminellen.

Aber so einfach machte er es uns dann doch nicht. Er fuhr mit dem weinroten Koffer offensichtlich ziellos von Stadt zu Stadt, baggerte in Nachtbars Frauen an, öffnete kurz seinen Beutekoffer und versprach der jeweiligen Dame nach einer Übernachtung ein Geschenk. Das funktionierte offenkundig. Am nächsten Morgen aber war er weg und nicht nur das versprochene Geschenk schuldig geblieben. Es fehlten auch Schecks, Bargeld und Schmuck.

So wussten wir am Morgen zwar, wo unser Täter die Nacht verbracht hatte, aber nicht, wohin er sich nun wenden würde. Selbst nach einigen Tagen konnten wir kein Muster entdecken und sagen, wohin die Reise gehen sollte. Die letzte Anzeige einer beklauten Dame wurde in Berlin-Pankow erstattet.

Die operative Fahndungsgruppe, die es strukturell nur bei der Kriminalpolizei in den Großstädten gab, suchte zur neuerlichen Vernehmung der Geschädigten deren Wohnung auf. Auf dem Weg zurück zum Polizeipräsidium mussten die Fahnder mit ihrem Wartburg an der Fußgängerampel an der U-Bahn-Station Schönhauser Allee, Ecke Dimitroffstraße halten. Unmittelbar vor ihrem Fahrzeug überquerte ein Mann die Straße, er trug einen violetten Aktenkoffer in der Hand. Auch die Personenbeschreibung passte.

Die Festnahme dauerte nur Sekunden.

Der Kammersänger erhielt seinen Kaiserschmuck unversehrt zurück und dankte der Berliner Polizei in einem sehr persönlichen Schreiben. Er hätte auch den Genossen Zufall bedenken sollen, denn ihm war es letztlich zu danken, dass wir den Täter fassten.

Jeden Tag gab es etwas Neues, Spannendes, manchmal auch Tragisches. Strafgefangene brachen aus, Autos wurden gestohlen, verwirrte Menschen vermisst. Wir hatten reichlich Arbeit und nie Langeweile. Bei Großfahndungen war ich vor Ort, unsere Ergebnisse waren, in aller Bescheidenheit, ganz ordentlich. Ich räume ein: Die persönlichen Verbindungen zur IX und die inzwischen recht umfassenden Kenntnisse polizeilicher Arbeit kamen mir zugute.

Nur die von General Nedwig gewünschte Härte stellte sich bei mir nicht so recht ein.

Von Wahrsagern und anderem Wahn

Mein bemerkenswertestes Fahndungserlebnis hatte ich im Dezember 1987.

Es geschah am südlichen Stadtrand von Bernau, einer hübschen Kreisstadt nordöstlich von Berlin, in dessen unmittelbarer Nähe die berühmte Waldsiedlung lag, gemeinhin bekannt als Wandlitz. Während anderenorts sowjetische Offiziersfamilien auf engem Raum in ihren Garnisonen lebten, gab es hier ein kleines Plattenbaugebiet, in denen Familien sowjetischer Offiziere und DDR-Bürger miteinander wohnten.

Hauptmann Iwan Rudko diente als Kompaniechef in der Panzereinheit am Ort. Er und seine Frau meldeten ihren vierjährigen Mitja eines Dezembertages als vermisst: Er sei vom Spielen im Freien nicht nach Hause zurückgekehrt.

Bezirksfahndungschef Gerd Buggenhagen in Frankfurt/Oder veranlasste die üblichen Such- und Fahndungsmaßnahmen, doch sie blieben ohne jeden Erfolg. Von Bernau fuhr die S-Bahn bis Berlin. War er vielleicht dorthin mitgenommen worden oder abgehauen?

Die Idee verwarfen wir und konzentrierten uns stattdessen auf die Hügel und Felder mit den Lehmtümpeln hinterm Wohngebiet, ein ideales Spielgelände für die Kinder. Wir schlossen einen Unfall beim Spielen nicht aus. In der Nacht nach Mitjas Verschwinden setzte enormer Frost ein und sämtliche Tümpel froren zu. Wir nahmen am nächsten Tag die Suche mit Bereitschaftspolizei und Spürhunden wieder auf.

Auch Tiefflüge mit Hubschraubern, die wir mit Wärmebildkameras ausgerüstet hatten, brachten kein

Ergebnis. Nichts. Auch auf die Aushänge an jeder Berliner S-Bahnstation gab es nur die üblichen Fehlinformationen. Täglich fragten die Vorgesetzten nach Fortschritten, und die Schärfe der Fragen nahm stetig zu. Es war, als spielten wir mit der deutsch-sowjetischen Freundschaft. Die Sache gewann eine neue Dimension, als ich eine Einladung der Botschaft unter den Linden erhielt. Mir schwante Schlimmes.

Ich betrat zum ersten Mal das Haus, passierte den Lenin-Kopf aus Marmor im Vorgarten und wurde zum 1. Botschaftsrat geführt. Der saß wie versteinert zwischen einigen Militärs, die auch nicht gerade freundlich dreinblickten. Und ich glaubte in ihren Augen ein gewisses Erstaunen zu bemerken ob meines Alters. Was, dieser 36-Jährige soll Fahndungschef der DDR sein? Kein erfahrener, im Amt ergrauter Polizist, sondern ein so junger Hüpfer mit einem so niedrigen Rang? Nicht mal Oberst.

Ich schwieg, denn da ich eingeladen, besser vorgeladen worden war, war es an meinem Gegenüber, das Gespräch zu eröffnen. Das tat er.

Man habe, so ging die Rede in einem Ton, in dem durchaus so etwas wie ein Vorwurf mitschwang, Kenntnis von unserer erfolglosen Suche nach dem verschwundenen Mitja Rudko erhalten. Nach Auffassung der sowjetischen Seite befänden wir uns auf einem Irrweg. Wir sollten unser Augenmerk in eine ganz andere Richtung lenken. Nach ihrer Überzeugung war Mitja von der CIA entführt worden! Der 1. Botschaftsrat schob, als er mein Erstaunen registrierte, auch gleich die Erklärung nach. Hauptmann Rudko befehlige modernste Panzer, von denen die NATO noch nichts wisse. Da läge es wohl auf der Hand, dass wir es mit einem politisch motivierten Erpressungsversuch zu tun hätten. Darüber sollten die deutschen Genossen einmal nachdenken.

Ich schüttelte den Kopf. Uns läge keinerlei Hinweis auf eine solche Operation vor, sagte ich und nicht, dass ich diese Überlegung für gänzlich absurd hielte und es mich befremde, dass sich die Diplomaten für solche aberwitzigen Überlegungen der Militärs verwendeten. Nein, das dachte ich nur, und reagierte, wie es sich an diesem Ort geziemte: diplomatisch-höflich. Ja, versicherte ich, wir würden bei unserer Suche auch diese Möglichkeit ins Auge fassen.

Ich ordnete nach der Rückkehr in mein Büro die Fortsetzung der Suche im Gelände an.

Das trug mir nach zwei Wochen eine weitere Vorladung in die Botschaft ein. Der gleiche Botschaftsrat, die gleichen Generäle.

Der Ton war ein wenig schärfer als beim ersten Mal. Man habe mit Bedauern registriert, dass die Hinweise der sowjetischen Seite nicht berücksichtigt worden wären. Die Suche im Umfeld wäre unverändert von der deutschen Polizei fortgesetzt worden.

Sodann betrat ein junges Ehepaar den Raum. Es handelte sich um Mitjas Eltern, die ich jetzt zum ersten Male sah. Sie hätten sich, wie mir der Diplomat berichtete, an Gorbatschow gewandt. Und das klang so, als wäre ich nicht nur der Grund für ihre Petition an den Allerhöchsten gewesen, sondern wie eine Kriegserklärung an die DDR.

Rudko hätte den Generalsekretär um eine Reise nach Bulgarien ersucht, was genehmigt worden sei. Dort habe er eine Wahrsagerin aufgesucht, die ihm Auskunft über den Verbleib ihres Sohnes gegeben hätte. Wie zum Beweis wies der Panzerhauptmann ein Flugticket vor.

Die Wahrsagerin habe irgendwo in der Nähe zur türkischen Grenze gelebt und sei, natürlich, blind gewesen. Ich glaube mich nicht verhört zu haben, als Rudko sagte, sie wäre sowohl Mathematikprofessorin als auch Oberst der bulgarischen Staatssicherheit.

Er sei von ihr mit der Bemerkung begrüßt worden, dass er gewiss eine ihm nahestehende Person vermisse. Nachdem er dies bestätigte, prophezeite sie ihm, dass sein Sohn lebe, an einem großen Tisch säße, inmitten einer Familie zu Abend esse und das Ganze in einem Einfamilienhaus am Rande einer großen Stadt in der Nähe eines Flusses geschähe.

Die Albernheit erfuhr noch eine Steigerung durch die Ergänzung des Botschaftsrates: Todor Shiwkow, Bulgariens erster Mann, konsultiere die Hellseherin jede Woche einmal. Das sollte offenkundig der entscheidende Autoritätsbeweis sein.

Die Schlussfolgerung dieses ganzen Hokuspokus: Wir sollten alle Einfamilienhäuser in der Umgebung von Berlin nach Mitja durchsuchen!

Ich wandte höflich ein, dass dem sowohl rechtliche wie auch personelle Gründe entgegenstünden. Die Volkspolizei könne nicht ohne richterlich begründeten Durchsuchungsbeschluss Privatwohnungen besichtigen, einfach mal so.

Nun, uns werde schon etwas einfallen, hieß es, und ich wurde zum Ausgang geleitet.

Wie gemeinhin üblich fertigte ich ein Gesprächsprotokoll, das den üblichen Dienstweg nach oben nahm. Es kam kein Widerspruch auf meinen Vorschlag, die begonnene Suche angestrengt fortzusetzen. Der Leiter der Hubschrauberstaffel des MdI, Oberst Bergmann, ließ auf meine Veranlassung einen Polizeihubschrauber demonstrativ über den Acker bei Bernau kreisen, damit zeigend, dass wir an diesen ganzen Wahrsager-Humbug keinen ernsthaften Gedanken verschwendeten.

Im Januar gab es einen Wärmeeinbruch und das Eis auf den Tümpeln und Teichen schmolz. Und wir entdeckten den Leichnam des kleinen Mitja. Er war, wie vermutet, ertrunken. Die Obduktion fand keine Spuren von Gewaltanwendung, es war ein tragischer Unfall. Vermutlich beim Spielen war der Vierjährige am glitschigen Ufer des Gewässers ausgerutscht und in das kalte Wasser gestürzt.

Die Aufklärung des Falles berührte mich nicht minder wie die Erfahrung, dass offenkundig selbst Kommunisten wie Gorbatschow oder Shiwkow, denen ich eine materialistische Weltsicht unterstellte, an metaphysischen und parapsychologischen Quatsch glaubten. Wie ich später hörte, hatte sich selbst Breshnew und weitere Politprominenz in die Hände von »Dschuna« begeben, einer Frau Anfang 30 aus Georgien mit Namen J. J. Dawitaschwili. Die »Wunderheilerin« befreite mit »Psycho- oder Bioenergie« Kranke von allen möglichen Leiden, insbesondere von Arthritis, Neuralgien, Ischias. Dass westliche Politiker – von Churchill über Adenauer und Mitterrand bis Reagan – Freunde des Okkultismus waren und sich von Hellsehern beraten ließen, war mir bekannt. Dass es sie jedoch auch in unserem Lager gab, allem dialektischen und historischem Materialismus zum Trotz, überraschte mich denn doch ein wenig. Möglicherweise war dies auch ein Indiz dafür, dass man es mit unserer »wissenschaftlichen Weltanschauung« insgesamt nicht so ernst nahm.

Verschwundene Kinder und die uns aufgegebene Suche berührten mich am stärksten.

An einem Jahrestag der Deutschen Volkspolizei, am 1. Juli, dem Tag der Beförderungen und Auszeichnungen, ging aus Rostock die Meldung ein, dass ein Säugling mit Kinderwagen vor einem Centrum-Warenhaus entführt worden sei. Ich überließ das Feiern meinen Mitarbeitern, setzte mich in einen Wartburg der Fahrbereitschaft und fuhr an die Küste. Der Stabschef der BDVP, ein Oberst, leitete die bereits ausgelöste Großfahndung nach dem kleinen Michael.

In der Einsatzleitung wurde ich regelrecht examiniert. Was kann dieser junge Oberstleutnant, der Chef der Fahndung sein soll? Bei Norddeutschen braucht es Zeit, um Vertrauen zu gewinnen, offensichtlich gelang es mir. Wir gingen die Standardversionen durch: Familie, Frauen mit Fehlgeburten, psychisch gestörte junge Frauen … Männer konnte man in solchen Fällen als Täter in der Regel ausschließen. Lösegelderpressung war in der DDR nicht bekannt. Das Spektrum der Motive war also überschaubar.

Die Rostocker Polizei war jedoch noch am gleichen Tage erfolgreich. Die Täterin: die klassische Kombination aus Fehlgeburt und psychischer Gestörtheit.

Es war ein gutes Gefühl, den Säugling der Mutter unversehrt in die Arme legen zu können. Das waren die angenehmen Seiten der Polizeiarbeit.

Gadebusch war überall

Ende 1986 musste ich die Funktion meines bisherigen Vorgesetzten, Oberst Dr. Karl-Heinz Speckhardt, übernehmen. Er war oft krank geschrieben. Heute würde man sagen: Burnout. Damals kannte man diese komplexe Erkrankung nicht. Man war eben ausgebrannt, fuhr zur Kur für drei Wochen, und weiter ging's. Aber mit Speckhardt ging es eben nicht weiter.

Er war verantwortlich für die Arbeitsrichtungen II (schwere Straftaten), III (Häufigkeitskriminalität), IV (Kriminaltechnik), V (Fahndung, K-Dienste), VII (Jugendkriminalität), VIII (Personenkontrolle)und ein kleines Ermittlungsreferat, die VI. Während seiner krankheitsbedingten Abwesenheit hatte ich ihn schon wiederholt beim Hauptabteilungsleiter vertreten müssen, doch nun wurde mir dauerhaft die Verantwortung auf die Schultern geladen. Dort lastete sie zentnerschwer. Ich war nun zuständig für die Bearbeitung (und natürlich Aufklärung) von etwa 95 Prozent der in der DDR verübten Straftaten. Etwa fünf Prozent bearbeiteten das Untersuchungsorgan des MfS, die Zollfahndung und die Militärstaatsanwaltschaft.

Und ich war fortan Stellvertreter eines unberechenbaren Generalleutnants. Übers Telefon stellte er mir Fragen zu Einzelfällen, auf die ich nur vage Antworten geben konnte. Und vermutlich hatte er selbst Anrufe bekommen, die er nun weitergab. Ich musste mich meist selbst erkundigen, denn Übersicht hieß ja nicht, jedes Detail zu kennen und den aktuellen Stand jedes Falles parat zu haben. Ich begann zu ahnen, was Speckhardts Problem gewesen war. Und nebenbei studierte ich noch immer fern und war auch dort eingespannt.

Jeden Morgen vor offiziellem Dienstbeginn gab es den ausführlichen Rapport meines K-Dienstes über die letzten 24 Stunden. Über schwere Verbrechen oder Katastrophen wäre ich selbstverständlich auch nach der Dienstzeit informiert worden. Schon beim Rapport entschied ich – das betraf vor allem meine beiden Obristen, die Leiter der Abteilungen II und III der HA –, ob ein Mitarbeiter von uns an den Tatort fuhr oder nicht.

Bereits in meiner kurzen Fahndungszeit hatte ich erfahren, wie wertvoll und wichtig die kameradschaftliche Unterstützung der bezirklichen und örtlichen Untersuchungsorgane war. Natürlich, wenn man aus Berlin kam, gehörte man in den Augen der Kollegen objektiv zur Obrigkeit, entsprechend respektvoll begegnete man uns. Doch wir hatten nichts zu bestellen, waren nicht weisungsbefugt, wir unterstrichen durch unsere Präsenz allenfalls die Wichtigkeit, die dem Fall in der Zentrale zugemessen wurde. Auf der anderen Seite war der Respekt vor soviel geballter beruflicher Erfahrung auf unserer Seite. Die Genossen, mit denen ich es zu tun bekam, hatten oft nicht nur einen höheren Dienstgrad, sondern auch wesentlich mehr Dienstjahre und darum auch mehr Erfahrung. Wenn man sich auf diese Weise unausgesprochen gegenseitig Achtung bezeugte, kam man rasch zu einer konstruktiven Zusammenarbeit, die hilfreich war.

Auf unseren täglichen Lagebesprechungen stellten wir nicht nur die Weichen für operative Entscheidungen, sondern bekamen auch den besten Kenntnisstand über die Kriminalitätslage im Land. Nach dem Rapport folgten Telefonate mit meinen Untersuchern in den Bezirken. Aus den sogenannten Sofortmeldungen der K-Dienste gingen nie alle Details und die aktuellen Ermittlungsstände hervor. Diese aber wollte ich wissen, zumal ich auch Kenntnis ähnlicher Fälle aus anderen Bezirken hatte. Die elektronische Datenverarbeitung war in der K noch nicht eingezogen, mein Kopf war der Computer, und das Telefonieren brauchte seine Zeit. Doch ich wollte hören, wie weit die Kollegen da und dort bei der Aufklärung dieser oder jener schwerer Straftat waren, wie die Spurenlage aussah, ob sie meine Leute zur Unterstützung benötigten. Ich wollte es wissen, und ich musste es wissen: Schon um Nedwig informieren zu können, wenn er anriefe.

Ich war verantwortlich für die Bekämpfung der Kriminalität in meinem kleinen Land! Sicher, das waren auch andere. Hier kämpfte nicht David gegen Goliath, rettete James Bond nicht die Welt. Das war eine gesellschaftliche Anstrengung, gewiss. Doch ich stand bei der Aufklärung von Straftaten an einer exponierten Stelle.

Selten, dass ich mit einem guten, erleichterten Gewissen am Abend mit meinem Trabant in meine Plattenbauwohnung nach Lichtenberg knatterte. Zu viele ungelöste Fälle lagen auf dem Tisch, und morgen kamen weitere hinzu. Es schien, als liefen wir vor einer zu Tal donnernden Lawine, nur nicht umdrehen, man könnte stolpern, vorwärts, vorwärts. Wenn nachts das Telefon stumm blieb, weil der K-Dienst keine besonderen Vorkommnisse in Gestalt einer besonders schweren Straftat zu melden hatte, konnte ich wenigstens durch- und ausschlafen. Das half in den nächsten anstrengenden Arbeitstagen.

Ja, meine Vorgesetzten machten Druck per Nachfrage: Warum ist dieser Raubmord noch nicht aufgeklärt? Weshalb sind wir bei jener Kindestötung noch nicht weiter? Wieso ist die Einbruchsserie noch immer nicht zu Ende?

Ich gab diesen Druck nicht weiter, der Ton macht bekanntlich die Musik. Die Untersucher in den Bezirken spürten bald, dass ihr neuer Vorgesetzter aus anderem Holz war. Es erfüllte mich gleichermaßen mit Freude und Stolz, wenn sie mich um Rat baten, selbst wenn es nur um ein informelles Gespräch zur Spurenlage oder um mögliche Verdächtige ging. Einen unangenehmen Chef sprach man nur an, wenn es sich nicht vermeiden ließ. Ich war also dort, wohin ich wollte. Ich war Kriminalist und wurde von meinen Kollegen als Chef angenommen, man vertraute mir.

Auf der anderen Seite: In den zweiwöchentlichen Stellvertreterberatungen, dem Kollegium des Ministeriums nachempfunden, hatte ich als einer seiner drei Stellvertreter zwangsläufig die meisten Vorlagen zur Kriminalitätsbekämpfung termin- und formgerecht einzubringen. Dort wurde ich von »meinem« General wiederholt angebrüllt: »Stehen Sie auf, wenn ich Sie anspreche!« Das war nicht nur mir, der ich wie ein Schuljunge abgebürstet wurde, unangenehm und demütigend, sondern auch den Anwesenden peinlich, darunter den Leitern des Kriminalistischen Instituts der Volkspolizei und der Zentralstelle für Kriminalistische Registrierung sowie dem Parteisekretär der SED-Grundorganisation der Hauptabteilung.

Es gab in diesem Unterstellungsverhältnis keinerlei Auszeichnungen oder Beförderungen – in dieser Etage sonst durchaus üblich. Mir wurde nicht einmal ein Auto zur Verfügung gestellt, und ich musste für Einsätze zuvor Anträge ausfüllen. Im Dreiklassen-Mittagstisch des Ministeriums: Generäle – Obristen – Fußvolk gehörte ich zu den Normalsterblichen. Das allerdings störte mich nun überhaupt nicht. Störend war allenfalls die Tatsache der Dreiklassengesellschaft. Doch wie ich hörte, sollte es diese in der Kantine des ZK und anderenorts auch geben (was die Sache nicht besser machte).

So richtig »hart« wurde ich dadurch allerdings nicht. Generalleutnant Helmut Nedwigs Absicht als Chef der Kriminalpolizei, mich nach seinem Muster zu formen, ging nicht auf. Vielleicht waren seine gelegentlichen Zornesausbrüche Ausdruck seines Unmuts, weil er dies bemerkte. Ich weiß auch nicht, was in ihm vorging. Er war inzwischen um die 60. Er hatte mich von Leipzig nach Berlin geholt in die Zentrale der IX und musste hinnehmen, dass ich Schreiberling beim 1. Stellvertreter des Ministers wurde und dort erst loskam, als der verstarb. Vielleicht war er sauer, dass andere seine Kaderplanung durchkreuzt hatten. Was weiß ich. Jedenfalls verteilte er nur Kritik, Lob behielt er für sich. Und er vermochte es, permanent Schuldgefühle zu erzeugen, darin war er sehr erfolgreich.

Jedoch möchte ich nicht den Eindruck vermitteln, ich hätte es mit einem Tyrannen zu tun gehabt. Nedwig hatte auch Seiten, die ich an ihm schätzte. Er brauchte Leute, an denen er sich im positiven Sinne reiben konnte, die ihn intellektuell herausforderten, Ja-Sager waren ihm erkennbar zuwider. Als Leiter habe ich eine Menge von ihm gelernt. Etwa wenn man mit einem Mitarbeiter eine Sache vertrauensvoll bespricht, macht man das nicht vom Schreibtisch aus, sondern setzt sich mit ihm an den Konferenztisch oder in die Sessel. Ein Schreibtisch ist eine Barriere, eine Art Barrikade. Die wichtigsten Mitarbeiter suchte man schon mal zu Hause auf oder lud sie ein. Dadurch bekam man als Vorgesetzer in entspannter Atmosphäre das persönliche Umfeld mit, bemerkte, ob die Familie intakt war, was der Kollege privat schätzte, was er las, ob er Hobbys hatte und so weiter. Man konnte sich später nach der Gesundheit des kleinen Daniel oder den Fortschritten von Evi beim Eiskunstlauf erkundigen, ob die Tomaten auf dem Balkon schon reif seien und ob es demnächst wieder Dias vom Urlaub zu sehen gäbe.

Und Nedwig konnte auch richtig komisch sein. Wenn er einen Anschiss mit der Formel »einsachtunzwanzig« endete, wusste jeder, was gemeint und dass die Sache erledigt war. 1,28 Mark kostete eine 0,5-Liter Flasche Berliner Pilsner. Das war der Tribut, der zu zollen war. Wenn ich abends beim Chef vorbeischaute und er zum Kühlschrank ging, so profitierte ich vom kollektiven Schuldenzins wie manch anderer.

Einen großen Teil meiner Zeit verbrachte ich nicht in der Hauptstadt. Den Hauptabteilungen und Verwaltungen des Ministeriums oblag die Anleitung und Kontrolle der Dienststellen auf Bezirks- und Kreisebene. Dort waren wir naturgemäß nicht so gern gesehen, sollten wir doch die Effizienz und den Erfolg der Aufklärung von Straftaten vor Ort überprüfen. Als Leiter solcher Kontrolleinsätze lernte ich alle Bezirke und viele Kreise der DDR kennen, soweit sie etwas mit Kriminalität zu tun hatten – und das hatten sie alle. Meine Partner waren die K-Leiter, deren ungeklärte schwere Straftaten ich meist bis ins Detail kannte. Ich sprach mit Staatsanwälten, Verbindungsoffizieren der örtlichen Staatssicherheit und Parteifunktionären. Am Ende stand ein Kontrollbericht, der ziemlich realistisch die Arbeitsergebnisse der jeweiligen Kriminalisten widerspiegelten.

Die Kontrolleinsätze waren meist nicht vergnüglich. Oft wurden wir in Mehrbettzimmern einquartiert, mit etwas Glück gab es auch Frühstück. Im Hotel »Weltfrieden« in Halle/Saale schien nachts die Straßenbahn quietschend durch unsere Betten zu donnern, so dass wir kein Auge schlossen. Abends an der Hausbar durfte man auch nicht über die Stränge schlagen, schließlich kamen wir »vom Ministerium« und hatten auf unser Auftreten zu achten. Zudem konnte ich schlecht Dienstausweis und -waffe im Hotelsafe abgeben. Mitunter wurde ich von solchen Einsätzen zu Besprechungen nach Berlin oder in andere Dienststellen gerufen. Das hieß, ich musste stets einen klaren Kopf haben und ins Auto steigen können. In der DDR hatten wir die Null-Promille-Grenze.

Einmal weilte ich im Volkspolizeikreisamt Gadebusch im Bezirk Schwerin zu einer Komplexkontrolle. Um die mittelalterliche Stadtmitte klammerten sich kleine Dörfer in der Elbaue, es war einsam dort. Viel anders wird es heute auch nicht sein.

Ich nahm an einer der turnusmäßig stattfindenden Politschulungen teil, weil mich interessierte, was man diskutierte, was die Volkspolizisten in der Provinz so beschäftigte. Die Weiterbildungsveranstaltung war miserabel. Den nicht gerade zahlreich erschienenen Kriminalisten trug man aus den Broschüren der Politischen Verwaltung meines Ministeriums unkommentiert vor, eine Diskussion fand nicht statt. Die Zusammenkunft gipfelte in einer Lobpreisung der Politik von Partei- und Staatsführung.

Mir schien, dass man mir – dem »hohen Tier« aus der Hauptstadt – etwas vorspielte, dass man meinte, sich so präsentieren zu müssen, weil ich es angeblich so erwartete.

Ich provozierte. Wenn hier alles so toll ist, könnt ihr euch gewiss morgen ein neues Auto kaufen. Wo ist der Laden in Gadebusch, da hole ich mir auch eins. In Berlin muss ich Jahre warten. Und bestimmt habt ihr auch eine Flotte ordentlicher Dienstfahrzeuge. (Ich wusste, dass die K für den ganzen Kreis über einen einzigen Trabant verfügte.) Und Wohnungsprobleme kennt ihr offenbar auch nicht …

Schweigen im Raum.

Endlich fasste sich eine junge Kriminalistin ein Herz. »Genosse Oberstleutnant, darf man denn so überhaupt diskutieren?«

Die Frage erschlug mich fast. »Wie denn sonst?«, fragte ich zurück.

Es entspann sich nun eine lebhafte Debatte, in der sich alle einig waren: Wir wollten eine bessere DDR, doch um sie zu verbessern, mussten wir uns mit ihren Fehlern und Schwächen kritisch auseinandersetzen, um diese überwinden zu können. Schönreden half nicht weiter, bedeutete Stillstand und Stagnation. Wir lebten nicht in der glücklichsten aller Welten. Aber wir hatten uns auf den Weg gemacht.

»Jenossen, wir machen 'ne Jeneralamnestie«

Mein Arbeitstag begann 7.30 Uhr im Büro mit dem Rapport des K-Dienstes. Ab 7.45 Uhr begann ich mit den Untersuchungschefs in den Bezirken zu telefonieren. Wie ist der Ermittlungsstand, wie ist die Spurenlage, gibt es Verdächtige, werden Spezialisten vom Kriminalistischen Institut, Fährtenhunde, Hubschrauber, eine Einheit der IX gebraucht? Da eine Konferenzschaltung technisch noch nicht möglich war, sprach ich mit jedem einzelnen. Das zog sich ein bis zwei Stunden hin.

Inzwischen gingen per Fernschreiben Meldungen über aktuelle schwere Straftaten ein, die mir die Sekretärin, während ich telefonierte, auf den Schreibtisch legte. Im Jahr kamen rund 170.000 Straftaten zur Anzeige, das waren knapp fünfhundert am Tag. Natürlich erreichten mich die wenigsten davon.

Morde und Sexualstraftaten waren für mich die schlimmsten Verbrechen.

Am 22. April 1986 meldete ein stadtbekannter Leipziger Einzelhändler seine 19-jährige Tochter Sylke, eine Schwesternschülerin, als vermisst. Herr M. vertrat von Anfang an vehement die Auffassung, dass seiner Tochter etwas Schreckliches zugestoßen sein müsse, noch nie sei sie über Nacht weggeblieben, ohne dass sie es vorher angekündigt habe. Die Volkspolizisten reagierten, wie man es aus einschlägigen Filmen kennt. Sie beruhigten und wiegelten ab. Er solle warten, sie käme gewiss wieder. Wer weiß, wo der lebenshungrige und zudem bildhübsche Teenager, wie unschwer auf dem vorgelegten Foto zu erkennen war, über Nacht gewesen sei. Schließlich sei sie in dem Alter …

Nachdem Sylke auch am folgenden Tag der elterlichen Wohnung fernblieb und der Vater Druck machte, begann die Polizei zu fahnden. Wann und wo war sie zum letzten Mal gesehen worden, gab es Zeugen, das übliche Nachforschungsprogramm bei Vermisstenanzeigen eben. Allerdings blieben die Recherchen ohne jedes verwertbare Resultat.

Am 2. Mai meldete sich jemand bei der Polizei. Auf seinem ungenutzen Garten- und Werkstattgelände habe er in einer unbenutzten Trockentoilette eine weibliche Leiche entdeckt.

Das Mädchen wurde als Sylke M. identifiziert. Der Tatort lag keine 500 Meter von ihrer Wohnung entfernt. Sie war erdrosselt worden, wies Bissspuren an den Brüsten auf, und im Genitalbereich fand man Sperma. Keine Frage: Wir hatten es mit einem Sexualmord zu tun.

Der Verdacht richtete sich schon bald gegen den Mann, auf dessen Grundstück die Leiche gefunden worden war, doch er bestritt die Tat. Seine Zelle in der U-Haftanstalt teile er mit einem sogenannten Zelleninformanten, weil man hoffte, er würde dort gesprächiger sein. Doch er erzählte nur das, was die Ermittler ohnehin schon in Erfahrung gebracht hatten. Er war zur fraglichen Zeit im Grenzgebiet Berlin-Treptow bei seinem Bruder gewesen – der bewohnte dort eine Laube – und ohne Passierschein aufgegriffen worden. Mit anderen Worten: Die Grenzer in der Hauptstadt gaben ihm ein Alibi. Es gab ein kleines Zeitfenster, doch es fehlte jeder Beweis, dass er es genutzt und Sylke dann ermordet haben könnte.

Technisch waren wir noch nicht in der Lage, die DNS zu entschlüsseln, und die Bissspuren waren zu schwach, um daraus Schlüsse auf das Gebiss des Täters ableiten zu können. Kurzum: Dem Verdächtigen konnte nichts bewiesen werden, wir mussten ihn ziehen lassen. Aber es fanden sich auch keine anderen Spuren. So wurden, wohl oder übel, die Akten nach ergebnislosen Ermittlungen der Morduntersuchungskommission des Dezernats II geschlossen.

Mich beschäftigte der ungeklärte Fall derart, dass ich ihn mir später, als ich mich bereits in Leipzig als Anwalt niedergelassen hatte, neuerlich vornahm. Der Vater des Mädchens hatte mich dazu bevollmächtigt.

Ich sichtete, mit Erlaubnis der Staatsanwaltschaft, Dutzende Kartons mit Aktenordnern im Souterrain der Kriminalinspektion Leipzig, las die Vernehmungen, Befragungen und Protokolle meiner früheren Kollegen. Sie hatten ordentliche, solide Arbeit geleistet, die mir noch nachträglich Hochachtung abnötigte, aber den Mörder trotzdem nicht gefunden.

In wochenlangem Aktenstudium gewann ich einen bestimmten Verdacht, doch keinen Beweis. Zudem fehlten die materiellen Belege und Zeugnisse: die Bissspuren und das im Genitalbereich sichergestellte Sekret, mit dessen Hilfe man die DNA hätte feststellen können. Die Nachforschungen in dieser Richtung brachten nichts: Das Institut für Gerichtsmedizin, das Dezernat IV – Kriminaltechnik – der Bezirksbehörde der Volkspolizei, als auch das Kriminalistische Institut der DVP in Berlin waren entweder aufgelöst oder umstrukturiert worden. Es halfen weder Beschwerden noch andere Rechtsmittel, das Vergleichsmaterial für eine nunmehr technisch mögliche wissenschaftliche Beweisführung blieb verschwunden.

Der Sexualmord an Sylke wird vermutlich unaufgeklärt bleiben, die Tat bleibt ungesühnt.

Fälle wie der von Sylke M. waren nicht Alltag. Der bestand für mich als Stellvertreter »Untersuchung« des Chefs der Kriminalpolizei der DDR aus Routine und Büro. Ich hielt darüber hinaus Vorlesungen an der Hochschule der Volkspolizei, sprach vor Staatsanwaltsanwärtern an der Universität Jena, lehrte an der Sektion Kriminalistik der Humboldt-Universität, schrieb Artikel, führte meine Abteilungen, traf Personalentscheidungen und so weiter.

Im Juni 1987 endete auch das Fernstudium an der Parteihochschule. Noch während der feierlichen Diplomverleihung steuerte der Leiter der Rechtsstelle des Ministeriums für Staatssicherheit, Oberst Udo Lemme, zielgerichtet auf mich zu. Ich kannte ihn. Mir schwante nichts Gutes. Meine Ahnung hatte mich nicht getrogen. Der Minister wünsche mich zu sprechen.

Wann?

Gleich?

Wo brennt's denn?

Das wird er dir selber sagen.

Ich fuhr also in die Normannenstraße und war überrascht, wie unkompliziert ich in die Diensträume von Erich Mielke gelangte. Na klar, ich war an der Wache avisiert. Dennoch konnte ich mich wundern.

Bei Mielke wartete bereits eine kleine Gruppe hochrangiger MfS-Juristen. Mielke teilte uns mit: »Jenossen, wir machen 'ne Jeneralamnestie. Alle kommen raus. Und ihr macht sofort einen Gesetzentwurf.«

Anlass war natürlich nicht, wie vorgegeben, der 38. Jahrestag der Gründung der DDR am 7. Oktober, sondern der bevorstehende Besuch Honeckers in der Bundesrepublik. Wie bei Staatsbesuchen generell üblich, wurden bereits vor der Reise die kritischen Punkte bereinigt, so dass sie bei den Gesprächen nicht aufs Tapet kamen. In diesem konkreten Falle also würden alle Nachfragen nach Gefangenen und deren Freilassung ins Leere laufen. Was wollt ihr denn, würde Honecker erklären können: Wir haben keine Gefangenen, unsere Haftanstalten sind leer.

Auch wenn ich in dieser Runde der einzige Vertreter des MdI war, blieb es ein offenes Geheimnis, dass das Innenministerium die in Verbindung mit der Amnestie stehende Arbeit würde leisten müssen. Die Strafvollzugsanstalten in der DDR unterstanden ausschließlich dem MdI. Lediglich einige Untersuchungshaftanstalten, etwa die in Berlin-Hohenschönhausen, wurden vom MfS geführt.

Es ging ja nicht nur darum, dass alle Strafgefangenen entlassen wurden. Die Hauptabteilung Innere Angelegenheiten des MdI war für die Wiedereingliederung verantwortlich und musste sich zudem um Wohnung und Arbeit kümmern. In diesem Punkte unterschied sich die DDR ganz wesentlich von der Bundesrepublik. Hier wurde niemand sich selbst überlassen. Die soziale Wiedereingliederung wurde als gesamtgesellschaftliche Aufgabe betrachtet. Es mussten alle Voraussetzungen geschaffen werden, damit nicht die Gefahr des Rückfalls bestand.

Hinzu kam noch ein anderes Moment. Die Strafgefangenen waren eine volkswirtschaftliche Größe und in den Betrieben, in denen sie arbeiteten, bilanziert. Bei einer Amnestie würden sie dort fehlen. Mehr noch: Es gab Betriebe, etwa den VEB Blütenweiß in Markkleeberg, der einzigen Wäscherei vor Ort, die insbesondere Krankenhaus- und Hotelwäsche reinigte. Der Betrieb konnte ohne diese Arbeitskräfte schließen. Und: Sollen wirklich alle Strafgefangenen raus? Was ist mit den Naziverbrechern, Lebenslänglichen, den Serienmördern, Vergewaltigern, Sadisten? Nein, das geht nicht. Manchen dürfen wir einfach nicht wieder auf die Bevölkerung loslassen.

Ich teilte meinen Einwand Generalmajor Werner Irmler, Mielkes Büroleiter, mit, der Rücksprache mit seinem Chef nahm. Die erste Antwort war ein klares Nein, alle müssten raus. Nachdem sich die Arbeitsgruppe aber meinen Bedenken angeschlossen hatte, gab es ein zweites Telefonat zwischen dem kleinen und dem großen Erich. Das Resultat war die Bildung einer zentralen Arbeitsgruppe, die eine Einzelfallprüfung nach Aktenlage vornehmen sollte. Und wie meist in solchen Fällen bekam jener die Leitung übertragen, der zuvor den Mund aufgemacht hatte.

Ob diese Aufgabe und das Gremium verfassungskonform waren, bezweifle ich noch immer. De facto unterstand mir in jenem Gremium ein stellvertretender Generalstaatsanwalt, ein Senatsvorsitzender des Obersten Gerichts, ein Professor der forensischen Psychiatrie, ein Strafrechtsprofessor …

Die Akten von 666 Fällen lagen bald in meinem Dienstzimmer im MdI zur Prüfung. Die Akten waren nicht gerade dünn, und bei mancher las ich mich regelrecht fest.

Ich erinnere mich einer Mordserie an der Ostsee. Ein Mann hatte Frauen vergewaltigt, sie danach getötet, ihnen die Brüste abgetrennt, diese anschließend gekocht und verzehrt. Der Täter, von den Gutachtern als schuld- und haftfähig beurteilt, verbüßte eine lebenslange Haftstrafe. Sollte man ihn etwa entlassen?

Die Arbeitsgruppe arbeitete rasch und konzentriert, am 17. Juli 1987 wurde der Amnestiebeschluss des

Staatsrates im Gesetzblatt veröffentlich. Und es trat ein, was befürchtet worden war. Der *Spiegel* bemerkte am 3. August 1987: »Die Mitte Juli verkündete Amnestie in der DDR bringt die SED im eigenen Land in Schwierigkeiten. Der umfassendste Straferlass seit Bestehen der DDR gilt für etwa 40.000 Häftlinge. Die meisten werden in der Industrie eingesetzt. Zahlreiche Betriebe sind auf sie angewiesen. So ist dem Gefängnis Brandenburg eine Möbelfabrik angegliedert, die durch die Amnestie den größten Teil ihrer Belegschaft verliert.« Und auch auf den von mir vorgetragenen Aspekt, der zur Bildung der Arbeitsgruppe geführt hatte, ging das Blatt ein: »Auch bei der kleinbürgerlichen Mehrheit der DDR-Bevölkerung hat der Gnadenakt keinen ungeteilten Beifall gefunden. Der Vorwurf: Zahlreiche Kriminelle, etwa Diebe und Rowdys, kämen frei.«

Tatsächlich öffneten sich am 12. Oktober für 24.621 Häftlingen die Tore der Strafvollzugsanstalten und bei 2.741 Verurteilten wurden die Freiheitsstrafen nicht vollstreckt. 1.753 Verfahren wurden eingestellt, die Untersuchungshäftlinge kamen ebenfalls frei. Lebenslange Freiheitsstrafen wurden in Freiheitsentzug von 15 Jahren umgewandelt.

Diese Amnestie war Teil einer Justizreform, mit der Egon Krenz beauftragt worden war. Dazu gehörte auch die Abschaffung der Todesstrafe in der DDR, welche der Staatsrat am gleichen Tage beschlossen hatte. Damit dokumentiere die DDR »ihre Position zu einem Recht der Menschheit auf ein friedliches und menschenwürdiges Leben, zur Wahrung der Menschenrechte in ihrer Gesamtheit«, hieß es in der Verlautbarung. Was nicht im *Neuen Deutschland* stand: Die DDR hatte schon wiederholt in Moskau wegen der

Abschaffung der Todesstrafe nachgefragt, was ihr immer wieder, zuletzt von Gorbatschow, untersagt worden war. Gorbatschow verwies auf die DDR-Verfassung von 1949, in welcher die Bestrafung der Nazi- und Kriegsverbrecher zum Staatsauftrag erklärt worden war – man würde sich damit eines Instruments berauben, diesen Verfassungsauftrag zu realisieren, lautete sein krudes Argument (als wenn dies in den 80er Jahren dies noch ein akutes Thema gewesen wäre). Zum anderen wertete er dies als falsches Signal, denn schließlich würden in führenden imperialistischen Staaten wie den USA noch weiterhin Todesurteile vollstreckt. Krenz hörte sich diesen Einwand an. Die DDR schaffte die Todesstrafe ab, nachdem sie letztmalig 1981 in Leipzig vollstreckt worden war.

Im Frühherbst 1988 flog ich mit dem Leiter der Hauptabteilung K, »meinem« Generalleutnant, und seinem Stellvertreter Operativ (K 1) zum Erfahrungsaustausch nach Moskau. Die Strukturen im dortigen Ministerium für Innere Angelegenheiten, soweit es die Kriminalitätsbekämpfung betraf, waren deutlich anders.

Zu Besuch in Moskau bei den sowjetischen Kollegen von der Kriminalmiliz, Lauter Dritter von rechts

Mir kam die Aufgabe zuteil, essentielle Fortschritte der Kriminalistischen Forschung der DDR auf den Gebieten der Odorologie, also der Geruchsidentifizierung, vorzustellen, über unser System »AIDA« (Automatische Identifizierung daktyloskopischer Abdrücke) zu informieren und einige Ausführungen zum Stand der Forschung bei monoklonalen Antikörpern auf dem Weg zur Genidentifikation mittels Desoxyribonukleinsäure (DNS). Bei diesem Thema suchten wir um eine wissenschaftliche Kooperation nach.

Ich stieß bei unseren Gesprächspartnern auf Unverständnis, was unschwer an ihren versteinerten Mienen abzulesen war. Möglicherweise lag das an ihrem vorgerückten Alter, was sich bekanntlich auch in einem technischen Unverständnis niederschlägt. Mag auch sein, dass sie mich – der Altersunterschied war erheblich – nicht für voll nahmen. Am Ende war die Begegnung sehr ernüchternd. Der Pionier des Menschheitsfortschritts zeigte sich im Konkreten sehr konservativ und nicht sonderlich innovationsfreudig.

Im Regierungshotel, in dem wir untergebracht worden waren, hielt man sich sehr konsequent an das von Michail dem Trocknen ausgesprochene Alkoholverbot, weshalb wir nicht mal die Chance hatten, den Ärger mit einem anständigen Wodka hinunterzuspülen. Am nächsten Tag stand Kultur auf dem Programm. Wir fuhren zum Dreifaltigkeitskloster in Sagorsk im Nordosten von Moskau, das von der UNESCO als Weltkulturerbe geführt wird. Der Rundgang durch die rund vierzig historischen Bauwerke beeindruckte uns sehr. Danach führte man uns über – angesichts der vielen goldenen Kuppeln und prächtigen Innenausstattungen – eine geradezu schäbige Treppe in einen Saal, in welchem sich die Tische unter der Last von Silbergeschirr, Sakuskis, Sektkübeln und Wodkakaraffen bogen. Der Kreml war ein ganzes Stück weit weg, und die Gastfreundschaft riesig.

Das üppige Gelage tröstete uns jedoch nicht über die betrübliche Erkenntnis, dass an eine langfristig angelegte gemeinsame Strategie der sozialistischen Staaten zur Kriminalitätsbekämpfung nicht zu denken war. Von Perestroika und Aufbruch auf diesem Felde hatten wir nichts feststellen könne.

Nun gut, es gab auch zu Hause genug zu tun.

Von der Prävention
zur Personenkennzahl

Im Herbst 1988 schickte mich »mein« General zum Leiter der Hauptabteilung Nachrichten im Stab des Ministeriums. Man wollte mich zu einer noch höheren Geheimhaltungsstufe verpflichten. Gab es die denn überhaupt? Für *Vertrauliche Dienstsachen* (VD) war fast jeder Polizist zugelassen, *Vertrauliche Verschlusssachen* (VVS), die Blatt für Blatt mit einem blauen Diagonalstreifen geziert waren, bekamen nur ausgewählte Offiziere. Die *Geheimen Verschlusssachen* (GVS) trugen einen roten Diagonalstreifen, die nächst höhere Stufe hieß GVS – B und betraf Dokumente für den Spannungs- oder Verteidigungsfall.

Ging es noch geheimer?

Ich vernahm: *Geheime Kommandosache* (GKdoS). Ich quittierte den Erhalt eines GKdoS-Aufzeichnungsheftes, das leer und jungfräulich war und dennoch nur bewaffnet befördert werden durfte.

Der Anlass für diese Vergatterung war eine Dienstbesprechung des Leiters der militärischen Abteilung des Staatsrates der DDR. Erschienen waren die üblichen Verdächtigen, wir kannten uns alle. Die Zusammenkunft fand in einem komfortablen Gästehaus in Magdeburg statt. Geleitet wurde die mehrtägige Beratung von einem NVA-General, der uns mit der Aufgabe konfrontierte, Strategien der Rechtspflege im Verteidigungsfall zu entwickeln.

Eine absurdere Veranstaltung hatte ich bislang nicht erlebt. Die Krönung bildete der Vortrag eines Generals aus dem Oberkommando der sowjetischen Streitkräfte in Deutschland. Dem Geheimhaltungsgrad der Besprechung angemessen sagte er uns offen, dass die sowjetischen Streitkräfte für den Fall eines Angriffs der NATO auf den Warschauer Pakt mit einem Präventivschlag reagieren würden. Mit Kurz- und Mittelstreckenraketen würden drei Schneisen durch Deutschland nach Westeuropa geschossen werden, durch die dann sowjetische Panzerarmeen nach Westen vorrücken sollten.

Nun gilt seit altersher: Si vis pacem, para bellum (»Wenn du Frieden willst, bereite dich auf den Krieg vor«), aber angesichts des mehrfachen Overkills waren diese Überlegungen einfach grotesk. Schon Breshnew hatte zutreffend erklärt: Wer als Erster schießt, stirbt als Zweiter. Ein Enthauptungsschlag, ob von der NATO oder vom Warschauer Pakt erwogen, war einfach selbstmörderisch und darum nicht durchführbar.

Die geheime Konferenz war alles in allem sehr unerquicklich und offenbarte wenig vom Neuen Denken, von dem der Oberste Befehlshaber der Vereinigten Streitkräfte des Warschauer Vertrages seit Jahren tönte. Oder war das, was Gorbatschow sagte, nicht bei den Militärs angekommen? Oder hatte ich die im Mai des Vorjahres vom Politisch Beratenden Ausschuss verabschiedete Militärdoktrin des Warschauer Vertrages (»Berliner Erklärung«) nur falsch verstanden? Dort war die Kriegsverhinderung ins Zentrum aller militärstrategischen Überlegungen gestellt worden, von Präventiv- und Präemptivschlägen, mit denen man dem Gegner zuvorkommen wollte, hatte ich dort nichts gelesen.

Merkwürdig.

Erheblich befriedigender hingegen empfand ich meine Mitarbeit am 5. Strafrechtsänderungsgesetz.

Das war nicht irgendein Gesetz. Damit schnitten wir alte Zöpfe ab. Ich selbst wirkte in einer Arbeitsgruppe, die die obligate Strafverschärfung bei Rückfall – zum Leidwesen meiner Vorgesetzten – einfach abschaffte. Ich saß in dieser Sache mit den führenden Strafrechtlern der DDR in zahllosen Klausuren und lernte vermutlich mehr von der Theorie des Strafrechts als ich beisteuern konnte. Am Ende stand das »Gesetz zur Änderung und Ergänzung des Strafgesetzbuches, des Zollgesetzes, des Gesetzes zur Bekämpfung von Ordnungswidrigkeiten, des Strafregistergesetzes, des Devisengesetzes, des Kulturgutschutzgesetzes, des Luftfahrtgesetzes und des Gesetzes über das Post- und Fernmeldewesen«, kurz: 5. Strafrechtsänderungsgesetz am 28. Dezember 1988 im Gesetzblatt der DDR, Teil I, Nr. 29.

Es sollte, wie so vieles andere auch, zu spät gekommen sein.

Nebenbei trieb mich unverändert das Tagesgeschäft: unaufgeklärte Tötungsverbrechen, unbefriedigende Aufklärungsraten in Großstädten, Großfahndungen, Kontrolleinsätze in Bezirken und Kreisen, Dienstbesprechungen … Irgendwie war der Arbeitstag immer schneller vorbei, als er sein durfte. Regelmäßig klingelte das Telefon, »mein« General hielt mir vor, dass ich es unterlassen hatte, bei irgendeiner Straftat vor Ort gewesen zu sein. Es folgte die Frage, was ich veranlasst habe.

Oft aber erreichte er mich nicht, nämlich dann, wenn ich mit meinem Trabant unterwegs war, der weder über Polizeifunk noch sonstige Nachrichtenübertragungsmittel verfügte, und das Handy war noch nicht erfunden. Das heißt, erfunden war es schon, und zwar von drei DDR-Ingenieuren aus dem VEB Funkwerk Köpenick. Ende der 70er Jahre hatte die DDR von Mexiko den Auftrag erhalten, im Land ein Telefonnetz aufzubauen. Nachdem man sich vor Ort informiert hatte, war den DDR-Technikern klar, dass dies nicht auf konventionelle Weise zu realisieren sei. So entwickelten sie binnen 18 Monaten nicht nur ein eigenes Netz (UHF-Radio-Telefonie-System, URTES), sondern auch ein analoges Funktelefon. Das Gerät wog zehn Kilogramm und hatte eine Reichweite von 40 Kilometern. Das war, wenn man so will, das erste Handy der Welt. Da, wie meist, die Devisen fehlten, um »Blaumeise 3« international patentrechtlich schützen zu lassen, machten später damit andere den Reibach. Und wenn ich mit meinem Trabant durch die Hauptstadt oder über Land tuckerte, war ich eben nicht erreichbar.

Aber Errreichbarkeit machte ja nicht die kriminalistische Arbeit aus. Da galten ganz andere Kriterien und Bedingungen. Als Ermittler brauchte man vor allem Menschenkenntnis und Fantasie. Es genügte auch nicht zu spüren, dass der Verdächtigte log, man musste es ihm auch beweisen. Je länger ich darüber nachdachte, desto klarer wurde mir, warum Schauspieler, die Kriminalisten spielten, rascher zu Fernsehstars wurden als andere – obwohl ich als Untersuchungschef der Kriminalpolizei nie meine Waffe ziehen musste, hätte ich das aufgrund meiner Ausbildung in der IX sicher wirkungsvoller gekonnt als die Schauspielerkollegen. Aber ich hatte nie Grund dafür oder verspürte dazu auch nur geringe Lust. Ich hasse paradoxerweise jede Form von Gewalt.

Mitten im Stress von Kontrolleinsätzen, Anwesenheit an wichtigen Tatorten, Vorbereitung von Vorlagen, Prüfung von Eingaben, Gesprächen über Einzelfälle,

Personalentscheidungen etc. erreichte mich der Befehl des 1. Stellvertreters des Innenministers zu einer Aussprache. Das war ungewöhnlich und konnte nur Gutes oder Schlechtes bedeuten.

Generalleutnant Lothar Ahrendt teilte mir in wenigen Worten mit, dass ich ab Januar 1989 Stellvertreter des Leiters der Hauptabteilung Pass- und Meldewesen werden solle. Das sei ein Befehl, eine Diskussion weder erlaubt noch möglich. Ich solle meine Angelegenheiten ordnen und dem Nachfolger übergeben.

Weitere Erklärungen gab Ahrendt nicht. Ich knallte die Hacken zusammen und trollte mich wie ein begossener Pudel. Mir war richtig übel. Meine Kriminalpolizei kannte ich, die Leute und ihre Stärken sowie Schwächen. Pass- und Meldewesen war für mich absolutes Terra incognita. Und, offen gestanden, das roch geradezu nach Papier und bürokratischem Muff.

In der Hierarchie bedeutete die Kommandierung keine Degradierung, es war ein Wechsel auf gleicher Ebene, vielleicht gar ein Aufstieg. Aber in was für ein Metier! Ich hatte unlängst damit bereits Bekanntschaft geschlossen und war von Ahrendt, sonst ein ruhiger, besonnener Mann, fürchterlich angebrüllt worden. Ich amtierte als Chef der Kriminalpolizei, weil dieser im Urlaub war, als mich nach dem regulären Feierabend Ahrendt zu sich befahl. Er ging, wie alle Vorgesetzten davon aus, dass der Untersuchungschef natürlich noch im Dienst war. Der Generalleutnant knallte erregt den aktuellen Westberliner *Tagesspiegel* auf den Konferenztisch. Lies, schrie er erregt, und tippte mit dem Finger auf einen Artikel.

Dort wurde von einem DDR-Rentner berichtet, der in einem Westberliner Baumarkt eine Bohrmaschine zu stehlen versucht hatte. Dabei war er erwischt

Am Pult: Generalleutnant Lothar Ahrendt, 1. Stellvertreter des Minister des Innern, Ende 1989 Minister

worden. Die Polizei hatte den Ladendiebstahl aufgenommen und weitergeleitet, das Amtsgericht Berlin-Tiergarten einen Strafbefehl ausgefertigt und diesen dem für den Rentner zuständigen Volkspolizeikreisamt im Bezirk Potsdam zugestellt. War der Vorgang schon bis dahin absurd, wurde er nun vollends grotesk. Ein Oberleutnant der K bestellte den beschuldigten Rentner ein und teilte ihm mit, dass er kein Ausreisevisum mehr erhalten werde, da er dem internationalen Ansehen der Deutschen Demokratischen Republik geschadet habe.

Hat der sie noch alle, tobte Ahrendt. Seit wann arbeiten wir als Vollzugsbeamte der Westberliner Justiz? Es gibt keine entsprechenden Verträge, keine Vereinbarung, kein Amtshilfeabkommen. Für *die* hauen wir doch nicht unsere Leute in die Pfanne!

Ich zuckte die Achseln. Viel spannender fand ich die Beantwortung der Frage, wie man beim *Tagesspiegel* von dieser Sache erfahren hatte. Ansonsten fand ich die Sache banal und die Aufregung nicht wert.

Doch ich vergaß, dass die Tageszeitung auch im Großen Haus gelesen wurde und dort bereits eine Kettenreaktion ausgelöst hatte. An deren Ende befand sich bis vor kurzem Ahrendt, jetzt war ich es. Und der nächste wurde ein Offizier der Abteilung II, den ich in die Kreisstadt jagte, um sich vor Ort kundig zu machen. Ich selbst rief in Postdam an. In der Bezirksbehörde der VP verstand man die ganze Aufregung nicht. Mein Gott, da fährt der Opa eben mal ein paar Monate nicht rüber, das ist doch nur zu seiner Sicherheit. Wenn er dort wieder auffällig und kontrolliert wird, haben sie ihn am Arsch. Das soll man ihm so sagen und gut.

Mein Mann kehrte aus der Kreisstadt zurück. Es verhielt sich genau so, wie es in der Zeitung gestanden hatte. Der Genosse dort sei aus allen Wolken gefallen, sagte er, als er ihm von dem Beitrag im *Tagesspiegel* erzählte. Er wusste bis dato nicht, dass man die Sache an die große Glocke gehängt hatte.

Ich schrieb für den Minister alles auf. Von oben kam die Anweisung, den Oberleutnant zu bestrafen.

Ich tat es nicht.

Niemand hat jemals danach gefragt, ob und wie der Mann disziplinarisch zur Verantwortung gezogen wurde. Der Vorgang löste sich wie meist in der üblichen Hektik des Tagesgeschäfts auf. Am anderen Tag schon wurde die nächste Sau durchs Dorf getrieben …

Und nun also sollte ich in diesen Bereich wechseln?

Als Stellvertreter von Generalmajor Günther Fischer, der, wie mir Ahrendt noch offenbarte, demnächst in den Ruhestand treten würde. Im Klartext hieß das: Der wird dich nur einarbeiten, dann übernimmst du den

Laden, der im Hause unter dem Kürzel PM geführt wurde. Was hatte die Registrierung von Bürgern, Geburten, Todesfällen und die Ausstellung von Pässen und Ausweisen mit Kriminalistik zu tun? Einverstanden, ich war Jurist von Hause aus, mein Verhältnis zur K hatte ich mir auch erst erarbeiten müssen, aber nach mehr als anderthalb Jahrzehnten hatte ich mich eingearbeitet und eingelebt, dort fühlte ich mich inzwischen daheim. Und nun ab in die Verwaltung. Die Aussicht auf Aufstieg zum Leiter einer Hauptabteilung machte den Wechsel nicht sympathischer.

Ich stolperte gleichsam in Uniform an einen provisorisch bereitgestellten Schreibtisch und sah mich mit einer ziemlich speziellen Situation konfrontiert.

Der Leiter der Hauptabteilung PM hatte bereits drei Stellvertreter, ich kam nun als vierter. Mindestens einer war gemäß Besatzungsplan zu viel. Oberst Joachim Gerbitz, der bislang den Chef bei Abwesenheit vertrat, schien am wenigsten über meine Kommandierung erfreut. Was Wunder: Er hatte sich begründete Hoffnung auf die Nachfolge und damit Ernennung zum Generalmajor gemacht. Oberst Pohl – diszipliniert, loyal – hatte keine Ambitionen auf die Leitung der HA Pass- und Meldewesen. Anders vielleicht Oberstleutnant Leesch. Er hatte soeben einen Kurs an der Hochschule der Deutschen Volkspolizei für leitende Kader absolviert und war damit für eine Leitungsfunktion prädestiniert. Fortan fuhr ich also, in Grün gewandet, täglich ins Polizeipräsidium in der Keibelstraße in Berlin-Mitte. Meine Aufgabe bestand darin zu lernen. Ich war bar jeglicher Verantwortung und Verpflichtung bis auf jene eben, mich einzuarbeiten.

Schon bald sah ich, dass es sich um einen perfekt organisierten und funktionierenden Dienstzweig der

Volkspolizei handelte. Der Ruf, den die Hauptabteilung im Ministerium trug, nämlich dessen ordentlichste zu sein, war völlig begründet. Die unzähligen Mitarbeiterinnen an den Schreibmaschinen ließen kein falsches Geburtsdatum durchgehen, kein Name wurde verhauen und keine Zahl falsch in den Computer eingegeben. Sie waren gründlich und genau und besaßen all das, was mir abging.

Jeder Bürger, das hatte sich die DDR vom Königreich Schweden abgeschaut, bekam mit seiner Geburt eine Personenkennzahl (PKZ). Sie bestand aus dem Geburtsdatum, einer Ziffer fürs Geschlecht und einer Ordnungszahl. Die PKZ war äußerst vielseitig verwendbar. Die einheitliche staatliche Sozialversicherung benutzte sie, die Meldestellen der VP, Standesämter, das separate Register der Kriminalpolizei, das Strafregister. Selbst das Nationale Krebsregister nutzte es. Diese Datenbank – das nur nebenbei – war bereits zu Beginn der 50er Jahre eingerichtet worden und erfasste zwischen 1961 und 1989 die Daten zu Diagnose, Therapie und Krankheitsverlauf von etwa 1,8 Millionen Patienten, d. h. von rund 95 Prozent aller Krebsfälle in der DDR. Damit gehörte das Register im internationalen Vergleich zu den größten epidemiologischen Datensammlungen im Bereich der Onkologie. Zuständig war das in Berlin-Buch ansässige Zentralinstitut für Krebsforschung der Akademie der Wissenschaften der DDR. Analog zum Nationalen Krebsregister bestand für den Diabetes mellitus ab 1960 das Zentrale Diabetesregister der DDR. Auch dort fand unsere Personenkennzahl Anwendung. Warum so viele Worte dazu? Vergleichbare Register gab es in der Bundesrepublik nicht, und die bestehenden wurden nach 1990 nicht etwa um die westdeutschen Bundesländer erweitert, sondern – was angesichts der Vernichtungswut nach Herstellung der deutschen Einheit bereits als Positivum erwähnt werden muss – das Nationale Krebsregister der DDR wurde als Gemeinsames Krebsregister der Länder Berlin, Brandenburg, Mecklenburg-Vorpommern, Sachsen-Anhalt und der Freistaaten Sachsen und Thüringen (GRK) fortgeführt.

Das Büro für Personendaten unter Oberst der VP Dr. Horst Schock sicherte alle Informationen täglich auf Bändern und lieferte damit ein wesentliches Element für die Verwaltung der Republik. Beim Anblick der riesigen Maschinen in Berlin-Biesdorf sank ich vor lauter Ehrfurcht fast auf die Knie. Das galt sowohl der ESER-Technik wie auch dem enormen Aufwand und dem daraus resultierenden Nutzen. Jede hochkomplex organisierte Gesellschaft braucht ein Datenfundament, auf dem sie existiert, produziert, kommuniziert, bilanziert. Das hatte weder etwas mit Überwachung und Kontrolle zu tun, wie ich später wiederholt von Bürgerbewegten an Runden Tischen zu hören bekam. Sie hatten wirklich keine Ahnung und witterten hinter jeder Ziffer die Staatssicherheit. Selbst für einen verwischten Stempelabdruck der PKZ im Personalausweis hatten sie eine Erklärung: Das war ein geheimes Signal der »Stasi«, mit dem Oppositionelle – damals sagte man »Andersdenke« – markiert und somit kenntlich gemacht wurden. Herrliche Einfalt. Wir hatten keine bessere Technik!

Nach wenigen Wochen schon trat ich die Nachfolge von Generalmajor Günther Fischer an. Wir schrieben das Jahr 1989, und ich war Leiter der Hauptabteilung Pass- und Meldewesen im Ministerium des Innern der Deutschen Demokratischen Republik. Ich war nunmehr verantwortlich auch für die Ausfertigung von

Reise-, Dienst- und Diplomatenpässen, in unserem Hause drückten wir die Stempel in Reisedokumente, die zur ein- oder mehrmaligen Aus- und Einreise berechtigten, ohne dass wir die Instanz waren, die darüber entschied, ob jemand fuhr oder nicht. Die Genehmigung erteilte auch nicht das MfS, wie noch immer gern behauptet wird. Die entscheidende Instanz war der Betrieb. Wenn der seine Zustimmung erteilte, scheiterte selbst die Staatssicherheit mit einem möglichen Veto. Und wenn der Betrieb, aus welchen Gründen auch immer, nein sagte, dann versteckte er sich aus Feigheit hinter »der Stasi«, die angeblich den Daumen gesenkt hatte. Das war nicht nachprüfbar, aber überzeugend. Schließlich, so ging der Köhlerglaube, steckte hinter allem Ungemach »die Stasi«. Erst als 1992 die Akten jedermann zugänglich wurden, wurde offenbar, wer tatsächlich die beantragte Reise in den Westen verhindert hatte. Oft waren es missgünstige Kollegen in der Kaderabteilung.

Zu meinem Verantwortungsbereich, auch das war überraschend, gehörte auch das Zentrale Aufnahmeheim (ZAH), in der Asylbewerber kurzzeitig untergebracht wurden, ehe sie in das gesellschaftliche Leben integriert wurden. 1989 hatten wir 816 registrierte politische Flüchtlinge in der DDR, mehrheitlich Griechen und Chilenen.

Mit rotem Reisepass in den Westen

Die gesellschaftlichen Widersprüche spitzten sich gegen Ende der 80er immer mehr zu. Dafür gab es äußere wie innere Gründe. Der Rüstungswettlauf, den die Sowjetunion sich hatte aufzwingen lassen, hatte die Ressourcen aufgezehrt, hinzu kam die Stagnation des politischen Systems.

Die Probleme der Führungsmacht schlugen sich auch bei den Verbündeten nieder, die schließlich dem gleichen politischen, eben dem sowjetischen Sozialismusmodell gefolgt waren. Gelegentliche Reformversuche, sich aus diesem Prokrustesbett zu befreien, waren durch Moskau nicht zugelassen worden. In der DDR beispielsweise war das unter Ulbricht auf dem VI. Parteitag der SED beschlossene Reformkonzept, das Neue Ökonomische System der Planung und Leitung (NÖS), nachweislich verhindert worden – beginnend mit dem 11. Plenum 1965, endend mit dem Sturz Ulbrichts 1970/71, der versucht hatte, Moskau die Stirn zu bieten. Die DDR sei nicht Belorussland, hatte er Breshnew unmissverständlich gesagt, und damit Eigenständigkeit für unser Land eingefordert. Das kostete ihn den Kopf.

Die nachfolgende Honecker-Riege forcierte die Abhängigkeit, um dann in den 80er Jahren festzustellen, dass man mit der Sowjetunion in die Sackgasse marschiert war.

Aber hatte die DDR überhaupt eine Chance? Der zweite deutsche Staat war Kind der Sowjetunion. Die beiläufige Bemerkung Honeckers bei Gelegenheit der Ernennung und Beförderung von Generälen und

Admirälen zum 40. Jahrestag der DDR, vielleicht wäre es besser gewesen, sich mit Peking statt mit Moskau zu verbünden, hatte allenfalls rhetorischen Wert: Die Sowjetunion hatte den Hitlerfaschismus zerschlagen, sie war Besatzungsmacht in Deutschland. Die Ostdeutschen hatten überhaupt nicht die Wahl des Verbündeten. Die Entscheidung war ohne ihr Zutun getroffen.

Und so galt denn die alte Binse aus meinem Metier: mitgegangen, mitgefangen, mitgehangen …

Die gesellschaftliche Krise, in der sich unser Land 1989 erkennbar befand, machte sich überall bemerkbar. In meinem Bereich inbesondere in der Zunahme der Ausreiseanträge. Die wurden, in aller Regel, in der Abteilung Inneres der Räte des Kreises oder des Stadtbezirks gestellt. Die Menschen wollten einfach raus und weg, sie mochten nicht mehr in der DDR leben. Sie fühlten sich bevormundet, gemaßregelt, sahen für sich und ihre Kinder keine Perspektive mehr, weil offenkundig keine Veränderungen erfolgen würden. In Bezug auf die Mauer hatte Honecker zu Jahresbeginn erklärt, sie würde in 50 oder 100 Jahren noch stehen, wenn die Gründe, die zu ihrer Errichtung geführt haben, nicht beseitigt wären. Das war eine klare Ansage. Ebenso die Auskunft von Kurt Hager in einem Interview mit dem Hamburger Magazin *stern*. Auf die Frage nach Reformen in der DDR mit dem Hinweis auf die Veränderungen in der Sowjetunion hatte der Chefideologe geantwortet, man müsse nicht renovieren, nur weil der Nachbar tapeziert.

Das waren alles Indizien für den Unwillen der DDR-Führung, über Änderungen und Korrekturen nachzudenken. Es hieß Basta!, alles ist gut. Von der Losung »Kontinuität und Erneuerung«, auf dem XI.

Parteitag der SED 1986 als Programm ausgegeben, war nicht einmal die Kontinuiät geblieben, denn auch die Versorgungslage verschlechterte sich stetig. Auch wenn man – zu Recht, wie ich meine – der Mehrheit der Ausreiser den heute üblichen Begriff »Wirtschaftsflüchtling« zubilligt, also nicht in erster Linie politische Gründe Anlass für ihren Weggang waren, so änderte dies nichts an der Tatsache.

Allein im ersten Halbjahr 1989 stellten 21.600 Bürger einen Ausreiseantrag, das war eine dramatische Zunahme gegenüber dem Vorjahr. Dort hatten, übers Jahr verteilt, 30.700 einen Antrag auf ständige Ausreise und damit auf Abgabe – wir sprachen von Verlust – der DDR-Staatsbürgerschaft gestellt.

Bei allem Unbill, der damit verbunden war, und den später angegebenen Gründen war dies entgegen den Darstellungen im Westen primär kein Votum gegen den Sozialismus. Während der Existenz der DDR gingen etwa drei Millionen Menschen »nach drüben«. Seit 1990 waren es noch einmal so viele. Die konnten/mussten schlechterdings nicht vor dem Sozialismus fliehen, denn den gab es nicht mehr. Der Wechsel von Ost nach West dieser mehr als sechs Millionen Menschen im Laufe von mehr als sechs Jahrzehnten hatte andere Gründe als die politisch behaupteten.

In der Rathausstraße am Berliner Alexanderplatz arbeitete die von Oberst Plenikowski geführte Zentralstelle für die Bearbeitung von Reiseanträgen (ZBRA), an der Tür stand »VEB Datenkombinat«. Dort erfassten etwa vierhundert Mitarbeiterinnen die Daten, einschließlich jene, die Transitreise und Besucher der DDR aus dem Westen auf entsprechenden Karteikarten anzugeben hatten.

Bis zum Ende meiner Tätigkeit in der Hauptabteilung PM habe ich die Details und Verästelungen des umfangreichen, vielgestaltigen und ausufernden Apparats nicht vollständig kennengelernt. Dazu war die Zeit zu kurz, vielleicht auch das Interesse zu gering, und der tägliche Arbeitsdruck, die operative Anforderung, zu hoch.

Zu den operativen Anforderungen gehörten solche wie die aus dem Büro Mittag. Der ZK-Sekretär für Wirtschaftsfragen, die Nummer 2 hinter Honecker auch bezüglich der deutsch-deutschen Gespräche, wünschte vor seiner Abreise zur Hannover-Messe die aktuellen Zahlen der Westreisen von DDR-Bürgern. Wie stets wollte Mittag von Hannover nach Bonn fliegen, um mit dem Bundeskanzler über beiderseits interessierende Fragen zu reden und Druck aus dem Kessel zu nehmen. Im März hatte es wieder Zwischenfälle an der Staatsgrenze gegeben (am 13. März 1989, während der Leipziger Frühjahrsmesse, titelte die *Frankfurter Allgemeine Zeitung* »Die Schüsse an der Mauer belasten das deutsch-deutsche Verhältnis«), worauf Wirtschaftsminister Hausmann und Bundesbauminister Schneider ihre Teilnahme an der Messe und damit Gespräche mit Honecker absagten. Der Bundestag verurteilte – bis auf die Grünen – die »schweren Verletzungen der Menschenrechte«. Mittag wollte die Lage entspannen und mit Kohl konferieren. Dafür sollten wir ihm Zahlen liefern, denn eine der zentralen Fragen war unverändert die nach Gewährung der Freizügigkeit bzw. deren Verweigerung.

Natürlich reisten immer mehr DDR-Bürger besuchsweise in die Bundesrepublik, was wir statistisch auch bezeugen konnten. Aber es gab weder eine gesetzliche Grundlage für Privatreisen noch für ständige Ausreisen, lediglich eine Regierungsverordnung, mit der geregelt wurde, was eine dringende Familienangelegenheit war, die als Reisegrund galt. Das alles war sehr vage, man kann es auch positiv interpretieren: Es gab einen Entscheidungsspielraum. Aber es war kein geregeltes Recht, kein fixiertes Gesetz, dessen Einhaltung notfalls juristisch von jedermann eingefordert werden konnte. Und genau darauf zielten Forderungen unter anderem Nachfolgekonferenzen der KSZE.

Es stand auf einem anderen Blatt, dass es sich um ein absichtsvoll benutztes Druckmittel des Westens handelte, schließlich herrschte unverändert Kalter Krieg und beiderseits der erklärte Wille vor, das jeweils andere System politisch zu überwinden. Das war so wenig ein fairer, sportiver Wettstreit wie es sich bei der Anhäufung des militärischen Vernichtungspotenzials auf beiden Seiten um Spielerei handelte. Diese wechselseitige existentielle Bedrohung, das sollten wir nie aus dem Blick geraten lassen, schwebte über allem.

Ich schrieb also auftraggemäß die Zahlen aufs Papier und reichte sie ins Büro Mittag. Doch auf unerklärliche Weise kamen die Seiten mit handschriftlicher Paraphe und Korrekturen des Generalsekretärs an mich zurück, vermutlich weil sie doch keine Verwendung gefunden hatten. Zumindest habe ich nie davon gehört oder gelesen. Honecker hatte unter Punkt 3, wo die Privatreisen aufgeführt worden waren, aus dem Minus ein Plus gemacht hatte. Im I. Quartal 1989 waren – im Vergleich zum I. Quartal 1988 – 19,8 Prozent weniger DDR-Bürger in den Westen gefahren, d. h. wir hatten etwa ein Fünftel weniger Anträge genehmigt. Was aber auch nicht überraschte – schließlich war die Zahl der für immer Ausgereisten stetig gewachsen. Dadurch hatten sich zwangsläufig die Proportionen verschoben.

EH hatte nun aus 19,8 eine 9,8 gemacht und das Minus zum Plus erklärt. Aus den 290.922 Reisenden waren 390.922 geworden, wobei die Differenz, ich habe es nicht nachgerechnet, ganz gewiss nicht jene 9,8 Prozent ausmachte, die er dann unterm Strich zu stehen hatte. Dass alle Zahlen auch in der DDR »politische Zahlen« waren – wie auch heute gelegentlich

Privatreisen von DDR-Bürgern nach dem nichtsozialistischen Ausland
im I. Quartal 1989

1. Gesamtzahl der Reisen:
   (mit Alters- und Invalidenrentnern)

I. Quartal 1989	1.230.396
I. Quartal 1988	990.825

   Die Steigerung gegenüber
   dem I. Quartal 1988 beträgt   24,2 %

   davon: **BRD**

I. Quartal 1989	414.173
I. Quartal 1988	395.319

   Die Steigerung gegenüber
   dem I. Quartal 1988 beträgt   4,8 %

   Westberlin

I. Quartal 1989	812.830
I. Quartal 1988	591.064

   Die Steigerung gegenüber
   dem I. Quartal 1988 beträgt   37,5 %

2. Reisen in das nichtsozialistische Ausland im Rentenalter:
   (Alters- und Invalidenrentner)

   Gesamtzahl

I. Quartal 1989	939.474
I. Quartal 1988	628.262

   Die Steigerung gegenüber
   dem I. Quartal 1988 beträgt   49,5 %

Die Zuarbeit für Mittags Reise nach Bonn ...

das politische Urteil maßgeblich etwa über die Zahl von Demonstranten entscheidet, je nach Gusto rundet die Polizei auf oder ab –, wusste ich. Mir war klar: Die Korrektur erfolgte einzig zu dem Zweck, die DDR beim Klassenfeind besser erscheinen zu lassen, es war mithin eine Finte im Klassenkampf. Und waren Finten in dieser Auseinandersetzung nicht zulässig? Der

```
    davon:  BRD
            I. Quartal 1989              166.889
            I. Quartal 1988               87.140

            Die Steigerung gegenüber
            dem I. Quartal 1988 beträgt    91,5 %


            Westberlin
            I. Quartal 1989              772.101
            I. Quartal 1988              540.305

            Die Steigerung gegenüber
            dem I. Quartal 1988 beträgt    42,9 %


3. Privatreisen:
   (ohne Alters- und Invalidenrentner)

   Gesamtzahl
   I. Quartal 1989                       390.922
   I. Quartal 1988                       362.563

Das bedeutet ein Minus von                 19,8 %

   davon:  BRD
           I. Quartal 1989               247.284
           I. Quartal 1988               308.179

           Das bedeutet ein Minus von     19,8 %


           Westberlin
           I. Quartal 1989                40.729
           I. Quartal 1988                50.759

           Das bedeutet ein Minus von     19,6 %
```

... von der kein Gebrauch gemacht wurde

Gegner behandelte uns nicht fair, wieso sollten wir uns anders verhalten? Ich gestand EH diesen Trick und einen Denkfehler zu. Was aber nicht verhinderte, dass ich mich in einem Konflikt sah: Einerseits war ich Staatsdiener, hatte einen Eid auf die Verfassung und die Gesetze der DDR geleistet, und diese forderten von mir, dem Recht und der Wahrheit treu zu dienen. Anderseits fand ich diesen Federstrich zwar ziemlich gewagt, aber in der politischen Argumentation durchaus clever. Offenkundig aber nahm EH bei längerem Nachdenken dann doch davon Abstand. Denn nirgendwo tauchten die frisierten Zahlen auf. Und ob Mittag gegenüber Kohl davon Gebrauch machte? Keine Ahnung. Der Kanzler wurde ja später auch bezüglich seiner eigenen Versprechungen und Versprecher von Amnesie befallen, und Mittag ist tot.

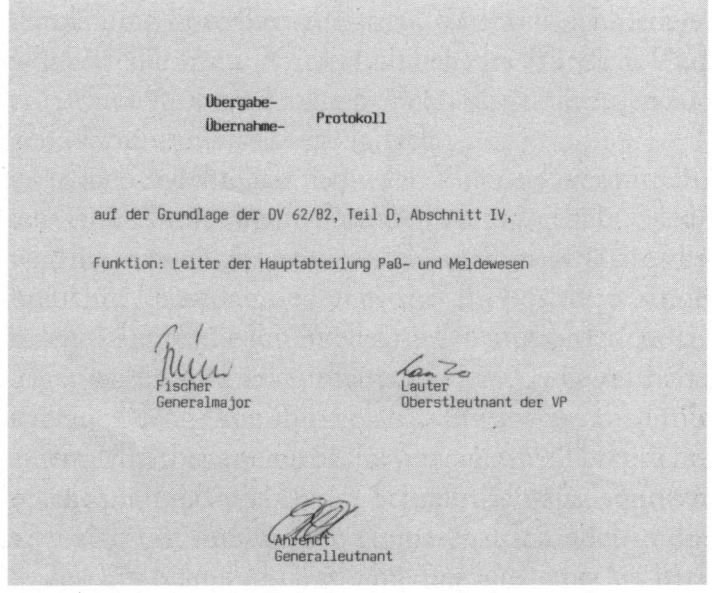

Ernennungsurkunde: So schlicht wurde man zum Leiter einer Hauptabteilung ernannt, 2. Mai 1989

Als ich am 1. Juli 1989 zum Oberst befördert wurde, konnte ich mich nicht freuen. Natürlich war das nur der technische Vollzug, ich saß auf der Planstelle eines Hauptabteilungsleiters im MdI. Doch irgendwie empfand ich es auch als eine Art Bestechung, und ich verstand, weshalb mein Vorgänger von Bord gegangen war. Ich neidete ihm seinen Abgang fast, der doch mein Aufstieg war.

Der Sommer war bleiern. Nichts drehte und bewegte sich. Die Nummer 1 lag krank danieder, und die ihn vertraten unternahmen nichts aus Furcht, der krebskranke Honecker könnte nach seiner Wiederkehr sie dafür kritisieren.

Im Mai hatten die Ungarn – gewiss nicht nur aus einer Laune heraus, wohl aber vertragsbrüchig gegenüber den Verbündeten – die Grenze zu Österreich geöffnet, was in den Westmedien absichtsvoll als »Loch im Eisernen Vorhang« bejubelt wurde. Das setzte ganze Völkerscharen in Bewegung, denn weshalb sollte man sich in der DDR auf ein bürokratisches Prozedere mit ungewissem Ausgang einlassen, wenn man in Ungarn einfach so durch den Zaun schlüpfen konnte. Tagtäglich sah man im Fernsehen Bilder von Begrüßungen und Beköstigungen in Österreich und Bayern. Natürlich sah man das nur auf *ARD* und *ZDF*, denn Adlershof schwieg, vom Medienverantwortlichen ZK-Sekretär Joachim Herrmann dazu verdonnert, beharrlich über diese Landflucht.

Auch als dann grenzsichernde Maßnahmen dazu führten, dass DDR-Bürger in Budapest und Prag, in Berlin und Warschau diplomatische Vertretungen regelrecht stürmten, verlautete dazu in der hiesigen Medien nichts. Die erste Meldung ging am 6. August über den Sender, und sie lautete: »Wie westliche

Prototyp des roten Reisepasses (r.), der nie hergestellt und ausgegeben wurde: Er war zu teuer

Medien, Politiker und Dienststellen der BRD verbreiten, besuchen einige DDR-Bürger Botschaften der BRD im Ausland beziehungsweise die Ständige Vertretung der BRD in der DDR, um dort persönliche Angelegenheiten vorzubringen. Nach dem Völkerrecht haben Vertretungen der BRD keinerlei Rechte und Obhutspflichten gegenüber Bürgern der DDR. Für ihre Angelegenheiten ist einzig und allein die DDR zuständig, vor deren Gesetzen alle Bürger gleich sind. Außergewöhnliche Behandlung einzelner durch den Besuch der Botschaften anderer Länder ist nicht erreichbar.«

Das war zwar nicht falsch, aber dummes Zeug – nur noch übertroffen von der Feststellung »Wir weinen ihnen keine Träne nach«, der dem Vernehmen nach von Honecker in einen *ADN*-Kommentar hineinredigiert wurde, nachweislich auch geäußert vom FDGB-Vorsitzenden Harry Tisch gelegentlich einer Reise Anfang September nach Frankfurt am Main.

Das war zynisch und überdies eine politische Bankrott-Erklärung.

Honecker, dem Mitte August die entzündete Gallenblase und ein Teil des Dickdarms entfernt worden war, gab im September bei Mielke und Dickel eine Politbürovorlage in Auftrage. Die beiden Minister und ihre Apparate sollten Vorschläge zur Einführung einer Passpflicht erarbeiten. Offenbar hoffte Honecker dadurch den Strom ins Nachbarland stoppen zu können, denn für die Einreise in die Tschechoslowakei genügte bis dato der Personalausweis (weshalb am 3. Oktober der visafreie Reiseverkehr ausgesetzt werden sollte und damit ausnahmslos alle Grenzen dicht waren).

Der Auftrag zur Zuarbeit für diese Vorlage landete auch auf meinem Tisch. Ich konnte mitteilen, dass aktuell rund sechs Millionen blaue Reisepässe der DDR im Gebrauch waren, und noch einmal so viele in Reserve, womit also mehr als zwei Drittel der DDR-Bevölkerung bedient werden könnten.

Allerdings sollte es doch ein Problem geben. EH wünschte, dass die DDR-Pässe rot eingebunden sein sollten. Wollte er damit die politische Haltung des Ausgeberlandes bekunden? Hatte er nicht bedacht, dass diese Farbgebung unseren Diplomatenpässen vorbehalten war, schließlich hatte er doch selbst einen solchen? Davon sollten zehn Millionen umgehend bereitgestellt werden.

Die in Leipzig angefragte Wertpapierdruckerei hob die Hände. In Abstimmung mit dem Vize-Finanzminister erklärte ich, dass das Projekt »Roter Reisepass« nicht zu realisieren sei, da die dafür benötigten Valuta-Ausgaben nicht zur Verfügung stünden. Wir fertigten dennoch einen Prototyp an, dessen Ablichtung hier zu sehen ist.

In Moskau im Zirkus, und in der DDR treibt das Staatsschiff kieloben

In jenem 89er Jahr lernte ich Minister Friedrich Dickel insoweit »näher« kennen, als wir wiederholt dienstlich zusammenkamen. Er stand seit 1963 an der Spitze des Innenministeriums und war inzwischen Mitte siebzig. Damit hatte er jenes Alter, in welchem anderenorts Menschen bereits seit geraumer Zeit sich im Ruhestand befanden, in der DDR aber war es wohl das Durchschnittsalter der politischen Führung. Das Problem der Überalterung empfanden viele Menschen als ein zentrales und damit als Kern des gesellschaftlichen Übels. Wenn »die alten Männer« jüngeren Platz machten, ließe sich alles andere lösen. Ich hielt und halte das für Unsinn. Natürlich sind ältere Menschen weniger leistungsfähig als jüngere, aber das Lebensalter ist nicht zwingend Ausweis für Qualifikation. Altbundeskanzler Helmut Schmidt ist bereits jenseits der 90 und im Urteil klarer und überzeugender als mancher Bundesminister in den 30ern. Aber in einem politischen Amt hätte er in der Tat nichts verloren.

In dieser Frage offenbarte sich das ganze Dilemma der kommunisten Arbeiterbewegung, egal, ob sie nun an der Macht war oder in der Opposition. Es gab keinen organischen Übergang von einer Führungsgeneration auf die nächste. Entweder starb man im Amte oder wurde weggeputscht. Die Fähigkeit, der Funktion freiwillig beizeiten zu entsagen, war keinem gegeben.

Zu Dickel hatte ich ein ambivalentes Verhältnis. Einmal erlebte ich ihn als hysterischen Tyrannen, ein andermal als geduldigen, neugierigen Zuhörer. Natürlich nahm mich seine Vita für ihn ein, und bisweilen empfand ich fast so etwas wie Mitleid mit ihm. Mit seiner Vergangenheit wäre sein Platz im Politbüro gewesen, doch anders als die beiden anderen Armeegeneräle – Staatssicherheitsminister Erich Mielke und Verteidigungsminister Heinz Hoffmann resp. dessen Nachfolger Heinz Keßler – blieb der Innenminister frei von einer solchen politischen Führungsaufgabe. Er gehörte zwar seit 1967 dem Zentralkomitee an, aber was war das schon?

Als Minister des Innern und Chef der Deutschen Volkspolizei – so sein offizieller Titel – hatte er de facto bemerkenswerte Macht. Er hätte in der Innenpolitik der DDR eine Schlüsselrolle spielen können und müssen, was aber nicht der Fall war. Warum das so war, wurde auch nach 1990 nie erörtert, zumindest kenne ich keine entsprechenden Publikationen und Diskussionen. In der Auseinandersetzung mit der DDR-Geschichte kommt er allenfalls peripher vor.

Dickel war zuständig für die Volkspolizei und die Feuerwehr, den Strafvollzug, den Reiseverkehr, die Staatliche Archivverwaltung und das Vermessungs- und Kartenwesen und was weiß ich. Er genoß hohes Ansehen, er war eine anerkannte, uneingeschränkte Autorität. Mancher General zitterte, wenn auf seinem Telefontableau das rote Lämpchen aufleuchtete und es dazu unangenehm kreischte, was als Befehl galt, umgehend beim Minister zu erscheinen. Sofort hatte man alles stehen und liegen zu lassen, sich das GVS-Buch im Safe zu greifen – man wusste ja nie, um was es ging – und sich mit weichen Knien auf den Weg zu machen.

Mich befiel solche Furcht merkwürdigerweise nie. Und wenn er mich zu sich bestellte, umging er oft seinen 1. Stellvertreter, d. h. er wollte das Unter-vier-Augen-Gespräch auch als solches verstanden wissen. Zumeist ging es um Reisefragen. Er sah das Problem in seiner ganzen Schärfe, und fragte sich ein ums andere Mal: Was können wir machen, um den Druck aus dem Kessel zu lassen? Denn mehr würde das ja nicht sein.

Durch Generalmajor Gotthard Hubrich, dem Leiter der Hauptabteilung Innere Angelegenheiten, war er im Bilde. In den Abteilungen Inneres in den Räten der Städte und Kreise gingen schließlich die Anträge auf ständige Ausreise ein, sie stiegen unablässig. Und in meinen Dienststellen, denen des Pass- und Meldewesens, nahmen die Anträge auf Privatreisen ins westliche Ausland stetig zu. Die Mitarbeiter kamen kaum nach.

Die Runden mit ihm waren anregend und angenehm, wobei mir nicht klar war, was deren tieferer Sinn war. Denn die akute Ausreiseproblematik war auch Thema anderer Dienstbesprechungen, dazu bedurfte es nicht unserer Zwiegespräche. Manchmal meinte ich, dass es vielleicht der Altersunterschied war, immerhin war er nahezu doppelt so alt wie ich. Vielleicht wollte er einfach nur wissen, wie die Dinge von einem gesehen wurden, der einer ganz anderen Generation angehörte. Das ermutigte mich, gelegentlich auch ein wenig keck zu werden. So meinte ich einmal, dass ich auch ganz gern in London über die Tower-Bridge schlendern würde. Doch an seiner Mimik merkte ich, dass ich damit zu weit gegangen war. Nein, da gab es für ihn eine klare Grenze, und Ironie war nicht sein Ding.

Wobei er durchaus Humor besaß.

Im Juli, nach der Übernahme meiner Funktion, stattete mich Generalmajor Karl Schönhoff, der

Stabskommandant des MdI, mit zwei Privilegien aus. Die wären für mich verzichtbar gewesen, aber an die Planstelle gebunden. Erstens bekam ich erstmals einen Dienstwagen, einen Lada mit Fahrer, zweitens musste ich hinfort mein Mittagessen im Ministersaal einnehmen, womit ich die Obristenkantine übersprang.

Völlig ahnungslos nahm ich an einem freien Tisch Platz, begleitet von den stummen Blicken der Generäle, die an den anderen anderen Tischen saßen. Gut, ich hätte fragen können, ob es auch bei der Wahl des Platzes eine Regel gab, und die Schadenfreude, die aus ihren Augwinkeln grinste, hätte mich warnen müssen.

Jedenfalls erschien Minister Dickel auf der Bildfläche, steuerte meinen Tisch an, verharrte verwundert und sagte dann: »Bleib sitzen. Du kannst den Platz künftig behalten.«

Wie sich zeigte, hatte ich mit sicherem Instinkt seinen Stuhl belegt, was ich, so man mich gewarnt hätte,

Oberst Lauter im neuen Büro in der neuen Funktion, Juli 1989

tunlichst unterlassen hätte. Aber der Armeegeneral war souverän genug, um nicht sein Gewohnheitsrecht einzufordern. Das, so fand ich, hatte Größe.

Natürlich nahm ich mir anderentags einen anderen Platz, man sollte sein Schicksal nicht unnötig herausfordern.

Mit dem dritten Privileg, das mir Schönhoff antrug, haderte ich, und nach Sitzung des Familienrates lehnte ich es definitiv ab. Ich sollte meinen Wohnsitz nach Zeuthen verlegen, wo es offenkundig eine Art Waldsiedlung für die MdI-Spitze gab, der ich notabene jetzt zugehörte. Dort stünde ein Haus für mich zur Verfügung. Nichts gegen die Natur, sagte ich, aber ich wäre ein Stadtmensch und möchte es bleiben. Und wenn man mich schon mit neuem Wohnraum bedenken möchte, dann hätte ich gern ein kleineres Quartier als mein jetziges: Unsere Tochter sei ausgezogen und der Sohn werde es irgendwann auch tun.

So wies man mir eine Wohnung in einer Seitenstraße der Otto-Grotewohl-Straße zu, die heute wieder Wilhelmstraße heißt, die zudem den Vorzug hatte, vielleicht fünfhundert Meter von meinem Büro entfernt zu sein. Dadurch musste ich die Dienste meines Fahrers nicht mehr in Anspruch nehmen, die ich als peinlich empfand: Jeden Morgen holte er mich ab und abends brachte er mich nach Hause. Jetzt konnte ich zu Fuß zur Arbeit gehen, ich tat was für die Umwelt und die Gesundheit.

Unsere große Wohnung in Lichtenberg bezog eine kinderreiche Polizistenfamilie, die darüber gewiss nicht traurig war. So fügte sich denn alles zum Guten.

Nur nicht mit dem Land.

Das Staatsschiff, so schien es, trieb kieloben, doch die Bordkapelle spielte, als sei nichts Ungewöhnliches passiert. Die Informationspolitik, schon immer kein Ruhmesblatt, wurde unter der Regie von Herrmann immer aberwitziger, nicht grundlos sollten unmittelbar nach Erich Honeckers erzwungenem Rücktritt am 18. Oktober Hermann und der Wirtschaftssekretär Mittag abgelöst werden.

Doch bis dahin sollten noch einige aufregende Wochen verstreichen. Minister Dickel schlug mir vor, mich mit meinen Kollegen von der Pass- und Visabehörde in Moskau (OWIR) zu beraten, doch wie sich zeigte, war dies wenig sinnvoll. Die hatten ganz andere Sorgen, und unsere Probleme waren für sie ziemlich weit weg.

Trotzdem hatte ich Dickels Offerte angenommen und mich mit Oberstleutnant Manfred Purschke, einem erfahrenen Offizier für Passangelegenheiten, im Moskauer Innenministerium angemeldet. Wie stets gab es nach den unergiebigen Gesprächen ein Kulturprogramm. Man führte uns wie zum Hohn in eine Vorstellung des Staatszirkus, was nun wirklich als eine Art Treppenwitz zu verstehen war. Lache, Bajazzo, oder wie es in der aktuellen internationalen Hitparade hieß: Don't worry, be happy.

Mein Reisebericht fiel zwangsläufig dürftig aus.

Am 3. Oktober vernahm ich daheim in den Morgennachrichten eine Meldung, die ich eigentlich hätte kennen sollen. »Wie die Pressestelle des Ministeriums des Innern soeben mitteilte, ist der pass- und visafreie Reiseverkehr mit der Tschechoslowakei ab sofort ausgesetzt. Reisepässe sowie Visa in die CSSR können ab sofort bei den Dienststellen des Pass- und Meldewesen beantragt werden.«

Unmittelbar danach klingelte mein Telefon. Friedrich Dickel fragte, was ich da wieder verzapft habe, wohl wissend, dass ich nie eine solche Meldung ohne sein Wissen in Umlauf setzte und eine solche schon gar nicht. Zudem hatte die Entscheidung eine solche Tragweite, dass zuvor eigentlich auch der Innenminister in Kenntnis gesetzt hätte werden müssen, denn dass nicht er, sondern das Große Haus vulgo der Generalsekretär allein dieses Verdikt ausgesprochen hatte, war ja nun wohl auch klar. So ein Vorgehen erfolgte hierzulande nicht zum ersten Male. Auch der Postminister hatte im Vorjahr aus den Medien erfahren, dass er die sowjetische Monatszeitschrift *Sputnik* indiziert haben soll. »Wie die Pressestelle des Ministeriums für Post- und Fernmeldewesen mitteilt, ist die Zeitschrift *Sputnik* von der Postzeitungsliste gestrichen worden. Sie bringt keinen Beitrag, der der Festigung der deutsch-sowjetischen Freundschaft dient, statt dessen verzerrende Beiträge zur Geschichte«, hatte es am 18. November 1988 geheißen. Das nannte man Politik nach Gutsherrnart.

Schnellen Schrittes machte ich mich auf ins Ministerium, um die Telefonate entgegenzunehmen, die jetzt garantiert kommen würden. Was sollte ich den Anrufern sagen? Mein Name ist Hase, und Honecker ist ein Idiot? Ich erkundigte mich in Pätz bei der Führung der Grenztruppen. Auch dort war man von der Entscheidung kalt getroffen worden. Ebenso die HA VI im Ministerium für Staatssicherheit, zuständig für Sicherung, Kontrolle und Überwachung des Ein- und Ausreiseverkehrs sowie des Transitverkehrs, Passkontrolle, Datenerfassung und zentrale Speicherführung sowie Recherche zum Reiseverkehr.

Allenthalben völlige Ahnungslosigkeit und Bestürzung. So konnte kein Staat funktionieren, so nicht.

Und wie verhielt es sich mit Transitreisen nach Ungarn, Rumänien und Bulgarien? Was war mit dem

Hauptabteilungsleiter Lauter (3. v. r.) im Kreis von leitenden Mitarbeitern des MdI

kleinen Grenzverkehr in und aus den Bezirken Dresden und Karl-Marx-Stadt, der inzwischen selbstverständlich war für die Menschen beidseits der Staatsgrenze. Die DDR-Bürger tankten auf tschechischer Seite, die Tschechen besuchten unsere Schwimmhallen und kauften ein. Und wie gingen wir mit den Nachbarn um: Durften die nun auch nicht mehr in die DDR kommen? Hatten wir die einschlägigen Abkommen auch schon außer Kraft gesetzt oder gar aufgekündigt? Das war doch erkennbar völlig unüberlegt entschieden worden, ohne die Folgen zu bedenken. Das war ungefähr so, als habe jemand einen Brand zu löschen versucht, und den erstbesten Kanister geschnappt, in dem eine Flüssigkeit gluckerte, nicht bedenkend, dass es auch Benzin sein könnte.

Mancher 1. Sekretär, der bei mir anläutete, erkundigten sich wütend, ob ich den Verstand verloren hätte, worauf ich meinte, dass ich der falsche Adressat für ihre Frage sei. Sie verstanden mich.

In der Hauptausgabe der Aktuellen Kamera am Abend wurde die Begründung nachgereicht. »Die zeitweilige Aussetzung des pass- und visafreien Verkehrs zwischen der DDR und der CSSR für Bürger der DDR erfolgte, weil ungeachtet der Bereitschaft der DDR zur Normalisierung der Lage seit Monaten eine Verleumdungskampagne geführt wird mit dem Ziel der Manipulierung der Menschen im Sinne der Bonner Politik. Die Bonner Regierung hat ihre Botschaften in Prag und Warschau unter Bruch der Wiener Konvention über die diplomatischen Missionen zur Durchsetzung ihrer völkerrechtswidrigen, revanchistischen Anmaßungen einer Obhutspflicht für alle Deutschen missbraucht. Sie hat dabei durch die illegale Aufnahme von DDR-Bürgern bewusst und verantwortungslos eine unhaltbare Situation in ihren Botschaften herbeigeführt, die insbesondere für die dort befindlichen Kinder unerträglich war und auch die Gefahr des Ausbruchs von Seuchen heraufbeschwor.«

Dickel beauftragte mich, Ausnahmeregelungen zu formulieren, mit denen die Entscheidung unterlaufen werden konnte. Am Ende waren es dreizehn, mit denen de facto der Status quo ante hergestellt war. Offiziell wurde am 1. November, in der Verantwortung von Egon Krenz, die Visumspflicht aufgehoben.

Der ganze Vorgang war Ausdruck der Kopflosigkeit, die in der Führung der DDR herrschte. Am 30. September hatte man die Ausreise der Prager Botschaftsbesetzer erlaubt, der zu jenem eitlen Auftritt des Bundesaußenministers auf dem Balkon des Palais Lobkowitz führte (»Liebe Landsleute, wir sind zu Ihnen gekommen, um Ihnen mitzuteilen, dass heute Ihre Ausreise … «). Statt nun die mehrere Tausend Menschen auf direktem Weg in die Bundesrepublik fahren zu lassen, bestand Honecker darauf, dass die Züge erst über DDR-Gebiet rollen sollten. Noch in der Nacht passierten die ersten sechs den Dresdner Bahnhof. In der Folgezeit kam es zu Demonstrationen vor Ort, Menschen wollten auf die durchfahrenden Züge aufspringen, es kam zu Zusammenstößen mit der Polizei. In der Nacht vom 4. auf den 5. Oktober versammelten sich an die 20.000 Menschen, in den Tagen darauf mehrere Tausend. Am 8. Oktober kam es zu einem Dialog zwischen einer Gruppe der 20 und der Verantwortlichen im Bezirk.

Hinzu kam noch, dass auch in anderen Städten demonstriert und protestiert wurde. Seit dem 4. September zogen in Leipzig an jedem Montag immer mehr Menschen über den Innenstadtring. Das Land war in Bewegung, die Entwicklung lief völlig aus dem Ruder, wir waren nicht mehr Herr der Lage.

Über jene Wochen wurde von unzähligen Zeitzeugen berichtet, die Zahl der Bücher und Filme über den Herbst 1989 in der DDR ist Legion, ich muss also nichts wiederholen und hinzufügen.

»Nenn es Rechtsmittelinformation statt Rechtsmittelbelehrung«

Am 18. Oktober demissionierte Erich Honecker. Egon Krenz wurde zunächst Generalsekretär, sechs Tage später wählte ihn die Volkskammer zum Staatsratsvorsitzenden und damit auch zum Vorsitzenden des Nationalen Verteidigungsrates. Damit, so schien es, war hinsichtlich der Machtstruktur alles beim Alten geblieben, auch wenn der neue Mann in seiner Antrittsrede erklärte: »Mit der heutigen Tagung werden wir eine Wende einleiten, werden wir vor allem die politische und ideologische Offensive wieder erlangen.« Damit gehört ihm die Urheberschaft an diesem Begriff, auch wenn die »Wende« sich am Ende als Untergang des Landes erwies. Schon nach Jahresfrist sollte es die Deutsche Demokratische Republik nicht mehr geben.

Unmittelbar nach dem Machtantritt von Egon Krenz, am 19. Oktober, erreichte mich der Auftrag, einen Entwurf für ein Reisegesetz auszuarbeiten. Nach wie vor war die Frage der Freizügigkeit eines der zentralen Probleme. Die Fraktion der SED wollte das Gesetz in die Volkskammer einbringen, es sollte noch vor Weihnachten inkraft gesetzt werden.

Den Text sollte eine Arbeitsgruppe unter meiner Leitung entwerfen. Vertreten waren neben dem federführenden Innenministerium das Ministerium für Auswärtige Angelegenheiten, das Verteidigungsministerium wegen der Grenztruppen, das Ministerium für Staatssicherheit, die Ministerien für Finanzen und für Verkehrswesen, das auch für Tourismus zuständig war, die Rechtsabteilung des Vorsitzenden des Ministerrates, das Justizministerium sowie das Oberste Gericht, bei dem nun endlich eine verwaltungsgerichtliche Struktur aufgebaut werden sollte.

Ich lud alle in ein Gästehaus des MdI, und wie erwartet, galt auch hier: zwei Juristen – drei Meinungen. Wobei nach meiner Beobachtung für die Heftigkeit der Debatte nicht ursächlich die fachidiotische Flohknackerei Schuld war, sondern dass alle vom Gefühl des Aufbruchs beherrscht wurden. Es war, als hätte man eine Schleuse geöffnet. Was sich in Jahren angestaut hatte, brach nun heraus.

Von der Visapflicht konnten wir uns noch nicht trennen, die steckte zu tief in der DDR-Bürokratie, aber jeder Bürger sollte grundsätzlich ein Visum erhalten. Breiten Raum nahm folglich die Diskussion einer Ausnahmeregelung ein: Wann sollte das Ausreisevisum versagt werden? Wenn jemand eine Strafe antreten sollte, wenn der Einberufungsbefehl zum Wehrdienst vorlag, bei Geheimnisträgern, wie ich einer war. Wir verglichen mit internationalen Standards und begriffen nicht, wie sehr wir uns im tradierten Rahmen bewegten. Wenn wir über Freizügigkeit sprachen, dann war sowohl die Antragstellung wie auch die Versagung obsolet. Frei zu reisen hieß, nicht den eigenen Staat bitten zu müssen, fahren zu dürfen. Allenfalls jenen Staat, in den man einzureisen wünschte, um Genehmigung zu bitten. Das aber war nicht Gegenstand eines Reisegesetzes.

Der Entwurf sah am Ende vor, dass alle Bürger das Recht haben sollten, ohne harte Währung für einen Monat im Jahr ins Ausland zu reisen, vorausgesetzt, dass sie einen gültigen Reisepass und ein Visum besaßen, das von der Polizei innerhalb von dreißig Tagen nach Antragstellung zu erteilen sei.

Die redaktionelle Arbeit war ohne die sonst üblichen nörgelnden Eitelkeiten zwischen den Ministerien sehr schnell beendet, war doch jedem der Beteiligten die Tragweite der Regelung wohl bewusst. Unklar war allenfalls, ob dies wirklich ein Befreiungsschlag für das Land werden würde.

Der Reisegesetzentwurf sollte, wie gewohnt, ins Politbüro des ZK der SED gehen. Deklariert als Geheime Verschlusssache. Alle Beteiligten mussten zuvor unterschreiben, und zwar in der Reihenfolge, wie es die politische Hierarchie vorgab. Der Ministerpräsident hätte niemals vor dem Minister für Staatssicherheit unterzeichnet, kein Minister vor einem Staatssekretär. Es hatte sich wirklich nichts geändert.

Ich machte meinen Fahrplan und fuhr mit meinem Dokument von Ministerium zu Ministerium. Die Koordination der Termine war ein logistischer Kraftakt. Am leichtesten war ein Termin bei Erich Mielke zu bekommen. Er empfing mich in seinem Dienstzimmer mit den Worten: »Na, du bist ja noch ganz schön jung!« Dann unterschrieb er auf dem Deckblatt, ohne in der in feines Leder gebundenen Mappe zu blättern.

Im Vorzimmer von Außenminister Oskar Fischer wartete ich wie ein Bittsteller einige Stunden, der Minister empfing gerade einen Botschafter, wie es entschuldigend hieß.

Als ich schließlich die letzte Hürde, den Vorsitzenden des Ministerrates, angehen wollte, kurz vor Abgabe, versetzte mich der dortige Leiter der Rechtsabteilung in Schrecken: Stoph unterschreibt nicht!

Was ist der Grund, erkundigte ich mich.

Der Paragraf 13 sei mit »Rechtsmittelbelehrung« überschrieben, damit sei er nicht einverstanden. Wir hätten das Volk lange genug belehrt, so könne es nicht weitergehen, hätte Stoph erklärt.

Ich lachte gequält auf. Das ist nicht dein Ernst?

Rechtsmittelbelehrung sei doch ein Idiom und für Juristen ein hohes Gut, es meine etwas anderes als das, was Stoph darunter verstünde. Was halte er, Mehnert, davon, wenn wir statt dessen »Rechtsmittelinformation« schrieben?

Doch, das könnte hinhauen, sagte Mehnert und nahm Rücksprache bei seinem Chef.

Auch Stoph fand den Vorschlag akzeptabel und setzte als Letzter seinen Willi aufs Deckblatt.

Die kleine Mogelei, davon war ich überzeugt, würden die anderen eh nicht bemerken, weshalb ich es unterließ, sie darüber zu informieren.

Die Vorlage konnte nun in das Sekretariat des Politbüros. Doch es gab noch einen gewaltigen Haken. Die Reise- und Ausreisefreiheit rechtlich zu fassen, war nicht die schwierigste Übung. Völlig ignoriert hatten wir die finanztechnische Seite.

Alexander Schalck-Golodkowski hatte Egon Krenz vorgeschlagen, Kontakt zum Chef des Bundeskanzleramtes aufzunehmen, um mit diesem über die Finanzierung von Westreisen zu sprechen.

»Bonn sollte wissen: Reisen kostet, Westreisen kosten besonders. Schalck rechnete Krenz vor: 1988 waren 7,2 Millionen DDR-Bürger in der BRD und in Westberlin – nimmt man den statistischen Durchschnitt von Reisedauer (eine Woche) und Aufenthaltskosten (500 D-Mark), macht das rund 3,5 Milliarden D-Mark per anno. Das kann sich die DDR nicht leisten. Allein die Zahlungen der Deutschen Reichsbahn an die Bundesbahn würden von 160 auf 500 Millionen im Jahr steigen«, heißt es im 2012 erschienenen Buch »Schalck-Golodkowski: Der Mann, der die DDR retten wollte«.

Hertha König, im Finanzministerium als stellvertretende Ministerin für die Devisen verantwortlich, hatte mir gesagt, dass nicht einmal die üblichen 15 DM pro Person und Reise, was lächerlich genug war, gezahlt werden könnten, wenn wir jetzt alle fahren ließen.

Das Politbüro stimmte dem Gesetzentwurf zu, ohne Entscheidungen zur materiellen Absicherungen zu treffen.

Am Montag, dem 6. November, wurde der Entwurf des Reisegesetzes in allen Printmedien publiziert. Die Leser des *Neuen Deutschland* wie die der *Bauernzeitung* wurden aufgefordert, Anregungen und Vorschläge an die Hauptabteilung Pass- und Meldewesen im Ministerium des Innern zu richten.

Am Abend gab es im Fernsehen dazu eine Diskussionsrunde, bei der ich in die Rolle des Verteidigers gedrängt wurde. Der Rechtsanwalt Gregor Gysi, den ich bis dato nicht persönlich kannte, attackierte mich bzw. das Reisegesetz insbesondere wegen der Visapflicht. Ich begann zu ahnen, dass der Entwurf kein Befreiungsschlag war, sondern ein Stich ins Wespennest. Zur gleichen Stunde, als ich mich mit Gysi in Adlershof im Studio stritt, forderten auf der Montagsdemo in Leipzig Hunderttausende »ein Reisegesetz ohne Einschränkungen«. Vertretern der SED wurde es nicht einmal mehr erlaubt, den Entwurf zu verteidigen. »Zu spät, zu spät«, erscholl es aus der Menge. Und zum ersten Mal wurde auch gerufen: »Wir brauchen kein Reisegesetze – die Mauer muss weg!«

Auch in anderen Städten der DDR gab es Protestaktionen gegen den Entwurf. Mancherorts kam es zu Arbeitsniederlegungen, weil jene, die keine Verwandten im Westen hatten, sich diskriminiert fühlten: Schließlich hatten sie keine Möglichkeit, Devisen zu erwerben.

Unser Entwurf wurde vom Rechtsausschuss der Volkskammer als »unzureichend« verworfen.

Am Dienstag, dem 7. November, reagierte das Politbüro auf seiner planmäßigen Sitzung auf die Forderung aus Prag, das Ausreiseproblem zu lösen. Man werde es nicht länger hinnehmen, dass DDR-Bürger die Botschaft der BRD besetzten – dort saßen schon wieder einige Tausende, die ihre Ausreise erzwingen wollten. Das hätte Implikationen für die tschechoslowakische Innenpolitik, es ermuntere die eigene Opposition zu ähnlichen Erpressungsversuchen. Sofern Berlin keine wirksamen Maßnahmen ergriffe, würde die CSSR ihre Grenze zur DDR schließen.

Das Politbüro beschloss also: Der Minister des Innern und der Minister für Staatssicherheit werden beauftragt, zum 9. November unter Vorgriff auf das Reisegesetz eine Lösung der Probleme der ständigen Ausreise von Bürgern der DDR über die Grenzen der CSSR vorzulegen.

Am Morgen des 8. November bestellte mich der Innenminister zu sich und übermittelte mir diesen Auftrag.

Auf meinen Einwand, dass für ständige Ausreisen der Leiter der Hauptabteilung Innere Angelegenheiten, Generalmajor Hubrich, zuständig sei, erwiderte Dickel nur: Du hast das Reisegesetz gemacht – und das klang so wie: Du hast die Suppe eingebrockt, also löffle sie gefälligst auch aus.

Versöhnlich fügte Friedrich Dickel an: »Deinen General (*gemeint war Gotthard Hubrich – G. L.*) kannst du meinetwegen einbeziehen … Morgen früh melden sich die Leute vom MfS bei dir, und mittags will ich die Sache im ZK haben.«

Morgen hieß 9. November. An jenem Donnerstag trat im Großen Haus das 10. Plenum des ZK der SED zusammen. Und ich traf mich 9 Uhr in meinem Dienstzimmer mit Oberst Dr. Udo Lemme, dem Leiter der Rechtsstelle des MfS, Oberst Dr. Jochen Krüger, Stellvertreter des Leiter der Hauptabteilung VII des MfS, und Generalmajor Gotthard Hubrich. Hanna Krause, meine Sekretärin, servierte Kaffee und erhielt Order, keine Telefonate durchzustellen.

Wir vergewisserten uns zunächst untereinander, dass wir gemeinsam auch den gleichen Auftrag erhalten hatten. Da wir uns wahrlich nicht untereinander vorstellen mussten, war dies kein Problem. Neu für

Entwurf
(MfS 9. 11. 89)

Unverzügliche Visaerteilung für ständige Ausreisen

Berlin (ADN). Wie die Pressestelle des MdI mitteilt, sind die zuständigen Abteilungen Paß- und Meldewesen der VPKÄ und ihre Meldestellen in der DDR angewiesen, Visa zur ständigen Ausreise unverzüglich zu erteilen, ohne daß dafür noch geltende Voraussetzungen für eine ständige Ausreise vorliegen müssen.

Ständige Ausreisen können über alle Grenzübergangsstellen der DDR zur BRD bzw. zu Berlin (West) erfolgen.

Damit entfällt die vorübergehend ermöglichte Erteilung von entsprechenden Genehmigungen in Auslandsvertretungen der DDR bzw. die ständige Ausreise mit dem Personalausweis der DDR über Drittstaaten.

Arbeitsidee der Genossen vom MfS, 9. November 1989

mich war nur die Tatsache, dass ich diese Arbeitsbera-
tung zu leiten und damit das letzte Wort hatte. Für
mich gab es nur noch eine Radikallösung: wer das
Land verlassen will, darf ohne die bisherigen Prüfun-
gen ausreisen. Der Rest wäre technisches Regelwerk.

Nicht unerwartet zogen die Obristen des MfS eine
Arbeitsidee aus der Tasche, auf der wir aufbauen konnten. Die ständige Ausreise aus der DDR sollte ab sofort
uneingeschränkt möglich sein. Generalmajor Gotthard
Hubrich lehnte sich im Sessel zurück und schien glück-
lich. Er wäre in Kürze das kaum noch zu beherr-
schende Problem seiner Abteilungen für Innere Angelegenheiten der örtlichen Räte für immer los.

Ich hielt die Lösung für schizophren. »Es kann doch
nicht sein, dass jeder, der unser Land für immer verlassen will, das ab morgen früh kann – aber derjenige,
der seine Tante in Hamburg besuchen oder den Eiffel-
turm aus der Nähe sehen will, um dann an seinen
Arbeitsplatz, in seinen Kleingarten oder seine Datsche
am Seeufer zurückzukehren, das noch immer nicht
darf!« Wir würden auf diese Weise unsere Bürger prak-
tisch aus dem Land vertreiben.

Ich schlug stattdessen vor, das Reisegesetz, wie immer das verfassungsrechtlich auch gehen möge, insgesamt vorzeitig in Kraft zu setzen. Wir einigten uns
schnell, drei Dokumente zu erstellen: eine politische
Entscheidungsvorlage für die SED-Führung, einen
Entwurf für eine Rechtsverordnung des Ministerrates,
um überhaupt zu einer gewissen Rechtsgrundlage zu
kommen, und eine Presseerklärung für *ADN*, die amt-
liche Nachrichtenagentur, versehen mit einer Sperrfrist
zum 10. November, 4.00 Uhr.

So gäbe es einen knappen Tag Vorbereitungszeit
für Grenztruppen, meine Dienststellen, den Zoll und

das Verkehrswesen wegen des zu erwartenden Andrangs auf Züge oder auf Autobahnen. An die Vier Mächte dachten wir nicht.

Die hatten, was uns erst später bewusst wurde, in Berlin noch das Sagen.

Und berührte die Grenzfrage nicht auch das Bündnis? Die Staatsgrenze West, die damit faktisch obsolet werden würde, war immerhin die Westgrenze des Warschauer Paktes und die Ostgrenze der NATO. Die Grenzmaßnahmen am 13. August 1961 erfolgten schließlich auch auf Weisung des Bündnisses, ins-

Berlin (ADN) Wie die Presseabteilung des Ministeriums des Innern mitteilt, hat der Ministerrat der DDR beschlossen, daß die Verordnung vom 30. November 1988 über Reisen von Bürgern der DDR nach dem Ausland bis zum Inkrafttreten des neuen Reisegesetzes wie folgt anzuwenden ist:

1. Privatreisen nach dem Ausland können ohne Vorliegen von Voraussetzungen (Reiseanlässe und Verwandtschaftsverhältnisse) beantragt werden. Die Genehmigungen werden kurzfristig erteilt. Versagungsgründe werden nur in besonderen Ausnahmefällen angewandt.

2. Ständige Ausreisen nach dem Ausland können ohne Vorliegen von Voraussetzungen beantragt werden. Die Genehmigungen werden kurzfristig erteilt. Damit werden alle Möglichkeiten eingeräumt, im Interesse der betreffenden Bürger die Vermögensangelegenheiten, das Umzugsgut u. a. persönliche Angelegenheiten ordnungsgemäß zu klären.
Wer dies nicht wünscht, kann in den Volkspolizei-Kreisämtern - Paß- und Meldewesen - vorsprechen. Ihm wird ein Visum zur sofortigen ständigen Ausreise ohne besondere Antragsformalitäten erteilt.

Die ständigen Ausreisen können über alle Grenzübergangsstellen der DDR zur BRD bzw. Berlin (West) erfolgen.

Damit entfällt die vorübergehend ermöglichte Erteilung von entsprechenden Genehmigungen in Auslandsvertretungen der DDR bzw. die ständige Ausreise mit dem Personalausweis der DDR über Drittstaaten.

Aus dem Entwurf wurde dann dieser Text, der – mit Sperrfrist versehen – von ADN verbreitet werden sollte

besondere durch deren Führungsmacht in Moskau. Kein Gedanke daran.

Die Dokumente ließ ich mit Hilfe meiner leitenden Mitarbeiter ausfertigen, mein Kraftfahrer – Pfeiffer mit drei F – brachte den gesiegelten Umschlag mit nur je einem Original ins Große Haus und übergab sie Friedrich Dickel.

Am frühen Nachmittag rief mich der Minister an: »Deine Sache ist so beschlossen. Ende.«

Aus den später publizierten Protokollen weiß ich, dass Egon Krenz das Politbüro in einer Pause der ZK-Tagung über den Inhalt des Umschlages informierte und die Texte verlas.

Danach ging man mit der Maßgabe auseinander, dass der Innenminister alles ordentlich auf dem Weg bringen werde.

Die Mehrheit der Minister saß im ZK-Plenum, aber um die Sache zu einer Regierungsentscheidung zu machen, musste der Ministerrat einen entsprechenden Beschluss fassen. Mehnert sagte, dass es gemäß Geschäftsordnung des Ministerrates die Möglichkeit einer Umlaufvorlage gebe, die als angenommen gelte, wenn innerhalb der vom Vorsitzenden gesetzten Frist keine Einwände erhoben würden. Man solle sich an mich wenden, schließlich stünde ich im Telefonbuch der Regierung. Daraufhin wurde der Entwurf der Verordnung allen Mitglieder des Ministerrates zugestellt.

Drei Minuten vor Ablauf der gesetzten Frist, 18.57 Uhr an jenem 9. November 1989, klingelte das Telefon. Es war die erste (und einzige) Reaktion überhaupt. Der amtierende Justizminister, Staatssekretär Dr. Siegfried Wittenbeck, hatte noch einen Formulierungsvorschlag.

Nach einiger Diskussion folgte der Staatssekretär meinen Argumenten, erklärte sie für logisch. Damit galt die Umlaufvorlage von der Regierung formell als angenommen.

Am nächsten Tag, dem 10. November, würden wir im Ministerium alles wie verabredet auf den Weg bringen – einschließlich der *ADN*-Meldung.

Meine Frau hatte Karten für den Abend im TIP, dem Theater im Palast der Republik erworben. Unterm Dach las Eberhard Esche »Reineke Fuchs«. Esche war brillant wie immer, nur das Publikum mochte sich nicht so an dem Königshof und den Versen der Tiere erheitern, der Spott auf das höfische Leben war zu gegenwärtig, auch wenn Goethe die zwölf Gesänge schon vor rund zweihundert Jahren geschrieben hatte.

Angeregt und zugleich betrübt fuhren wir nach Hause, wo uns Sohn André aufgeregt erwartete. »Vati, der Minister hat schon ein paarmal angerufen, du sollst

Pressekonferenz am 9. November 1989 mit Schabowski (2. v. r. auf dem Podium), neben ihm Gerhard Beil; Peter Brinkmann (1. Stuhlreihe), sich umdrehend

sofort ins Ministerium kommen. Im Übrigen: Die Grenze ist auf.«

Krenz hatte, wie inzwischen die Welt weiß, dem Politbüro in der Sitzungspause die Papiere vorgetragen, ohne dass jemand bemerkt hätte, dass es da nicht nur um die Regelung der ständigen Ausreise ging, wie am Dienstag auf der Politbürositzung von uns gefordert, sondern auch um Privatreisen. Günter Schabowski, bei dieser Verlesung nicht zugegen, hetzte von der ZK-Tagung ins Internationale Pressezentrum, um dort über den Verlauf des Plenums zu informieren. Elf Politbüromitglieder waren zu Beginn der Sitzung von all ihren Ämtern und Funktionen zurückgetreten, die verbliebenen sieben Mitglieder hatten sich erneut zur Wahl gestellt. Das neue Politbüro sollte keinen Monat amtieren und am 3. Dezember, auf der 12. und letzten ZK-Tagung, geschlossen zurücktreten.

Egon Krenz drückte Schabowski den Umschlag aus meinem Büro mit den Worten in die Hand: »Hier hast du noch eine Sensation für deine Pressekonferenz!«

Dieser zog 18.54 Uhr das Papier hervor und las vom Blatt, was er zuvor nicht gelesen hatte, dass nämlich jedermann und jedefrau ohne Vorliegen von Gründen die DDR verlassen könne. Und auf die Nachfrage des *BILD*-Reporters Peter Brinkmann, ab wann denn das gelte, antwortete Schabowski: »Äh, ja äh, soweit ich hier lese … ab sofort, unverzüglich … ja, über alle Grenzübergangsstellen der DDR, also auch die nach Westberlin.« Mit dieser tatsächlichen Sensation rannte alles auseinander, die Reporter stürzten zu den nächsten Telefonen, um in die Redaktionen zu kabeln: uneingeschränkte Reisefreiheit, und zwar sofort.

Ich lief in mein Büro, es war eine schlimme Nacht. Der Operative Diensthabende des Ministeriums ließ alle Anrufe zur »Maueröffnung« zu mir durchstellen. Natürlich kannte ich die Regelungen, die von der Regierung per Umlaufvorlage beschlossen waren, wer aber sonst?

Es fiel, gottlob, kein Schuss in dieser Nacht, es gab keine Gewalt, obwohl die Dienststellen an der Grenze den strikten Befehl hatten, keinen ungesetzlichen Grenzübertritt zuzulassen, keinen.

Völlig entnervt von dieser irren Nacht durfte ich am nächsten Morgen das Geschehen im DDR-Fernsehen kommentieren, ohne jedwede Orientierung von »oben«. Als gelernter Staatsdiener gewöhnte man sich nicht so schnell daran, niemanden mehr über sich zu haben.

Und dann war es plötzlich vorbei. Die Bürger reisten – und kehrten wieder zurück. Die Bundesrepublik drückte jedem 100 D-Mark »Begrüßungsgeld« in die Hand.

Ich habe dankend verzichtet.

Spiegel-*Exkurs als Anlage:*
»*Die Nacht der Wildschweine*«

Ein großer Plan, ein Komplott oder nur Schusseligkeit?
Was ist der Grund, warum Berlin am 9. November
1989 zwischen Gewalt und Euphorie schwebte? Drei
Kommunisten waren es, die der wankenden DDR den
Rest gaben – getriebene Akteure in einer Mauerkomödie.

Er sitzt in seiner Kanzlei in der Nähe des Leipziger
Hauptbahnhofs, im zweiten Stock eines Altbaus aus
der Gründerzeit, Gerhard Lauter schaut seine Ge-
sprächspartner immer noch so von unten an, mit
gesenktem Kopf, wie vor 20 Jahren. Damals konnte
man denken, das ist die Körperhaltung eines Menschen mit schlechtem Gewissen, damals war er Leiter
der Pass- und Meldeabteilung der DDR, Spitzen-
bürokrat eines Systems, das gerade auseinanderflog.
Heute ist er Anwalt, und seine Vergangenheit liegt in
Klarsichthüllen vor ihm, Politbüro-Vorlagen aus der
Zeit des Mauerfalls und Ministeratsbeschlüsse.

Gerhard Lauter, heute 59 Jahre alt, inzwischen grau-
haarig, spricht mit der gleichen Präzision und Zurück-
haltung eines studierten Kriminalisten über diesen
historischen Tag wie damals.

»Eine Episode« nennt er den 9. November, eine
Episode, in der er neben Günter Schabowski eine
Hauptrolle spielte. Er formulierte am Vormittag des
9. November den Zettel, der die Mauer am Abend
einstürzen und die Nachkriegsordnung in Europa
zusammenkrachen ließ. In der Nacht wurde er zum

Informationszentrum einer führungslosen Macht. Es ist wie mit dem Tod von John F. Kennedy, dem 11. September in New York oder dem Schuss auf Benno Ohnesorg – Ereignisse, die dem Lauf der Welt eine neue Richtung geben, produzieren immer Mythen, Fragen und Legenden. Welchen Umständen ist es zu verdanken, dass kein einziger Schuss fiel in den stundenlangen Auseinandersetzungen an den Grenzübergangsstellen? Warum waren die Grenzer nicht vorbereitet auf den Ansturm? Was waren die wahren Absichten der DDR-Führung an diesem 9. November? Waren die Geheimdienste – BND, CIA, KGB – wirklich so vollkommen ahnungslos? Hatte Gorbatschow Krenz die Maueröffnung befohlen? War die legendäre Pressekonferenz mit Schabowski eine Inszenierung? War der Zettel mit der neuen Reiseregelung, den Schabowski hervorholte und vorlas, war der ihm tatsächlich vom KGB zugesteckt worden?

In Gerhard Lauters Klarsichthüllen liegen Antworten auf diese Fragen, er ist der Kronzeuge für die Vorgänge im Innenministerium der DDR.

Schabowski weiß, wie es ihm und seinen Genossen aus dem Politbüro passieren konnte, dass die wertvollste Immobilie ihrer Republik umgetreten wurde wie ein morscher Lattenzaun.

Und dann ist da vor allem Harald Jäger, damals Oberstleutnant der Staatssicherheit, an jenem 9. November der stellvertretende Leiter der Passkontrolle an der Grenzübergangsstelle Bornholmer Straße – wo die Schlagbäume zuerst hochgingen in dieser Nacht.

Jäger wohnt heute außerhalb von Berlin im Örtchen Werneuchen, zusammen mit seiner Frau in einer kleinen Wohnung, in der die Miete niedriger ist als die 500 Euro seiner letzten Wohnung in Berlin-Mitte.

Wenn er aus dem Fenster schaut, sieht es aus wie vor dem Mauerfall, gegenüber ein verfallenes Haus, unten auf der Straße grobes Kopfsteinpflaster. Jäger ist inzwischen Rentner, die meisten Tage verbringt er mit seiner Frau in dem Kleingarten, den er kurz vor dem Mauerfall, im August 1989, beantragt hat und nach dem Mauerfall, im Frühling 1990, zugesprochen bekam.

Jäger öffnete – ohne Befehl, ohne Kompetenz – am 9. November eine halbe Stunde vor Mitternacht den Schlagbaum am Berliner Grenzübergang Bornholmer Straße und verhinderte so, dass dieser Tag in einer blutigen Konfrontation endete. Der Stasi-Offizier brach die Regeln eines Systems, das ihn geprägt hatte, er maßte sich an, in den Gang der Dinge einzugreifen. Das taten an diesem Tag auch Günter Schabowski und Gerhard Lauter. Sie funktionierten nicht mehr. Ohne voneinander zu wissen, waren die drei Kommunisten Komplizen eines Komplotts gegen die DDR, von morgens neun Uhr bis nach Mitternacht griff das, was sie taten, ineinander wie das Werk von Verschwörern. Wenn einer von ihnen an diesem Tag anders gehandelt hätte, als er es tat, wäre der 9. November nicht als der Tag des Mauerfalls in die Geschichte eingegangen. Aber sie handelten nicht aus freiem Entschluss, sie waren Getriebene, die handeln mussten, weil Hunderttausende sie zwangen.

Gegen ihren Willen gaben die drei Kommunisten ihrem geliebten Arbeiter-und-Bauern-Staat den Rest, nach Monaten voller Unruhen. Über Ungarn und die CSSR waren immer mehr DDR-Bürger geflüchtet, die Oppositionsgruppe des »Neuen Forums« hatte sich gebildet, auf Montagsdemonstrationen machten sich die Leute Luft, auf der Straße prügelte die Volkspolizei Oppositionelle zusammen, auch in der SED formierte sich Widerstand, am 18. Oktober musste Erich Honecker abdanken, Egon Krenz, als neuer SED-Chef, versprach Reformen, aber am 4. November versammelte sich über eine halbe Million Menschen auf dem Berliner Alexanderplatz, unüberhörbar in ihren Forderungen, am 6. November reagierte die SED mit einem neuen Reisegesetz, es wurde verhöhnt von den Oppositionellen – und dann kam der 9. November.

9. November, 7.00 Uhr, Berlin,
im Stadtteil Hohenschönhausen

Harald Jäger nimmt an diesem Morgen den Dienstwagen, um zur Arbeit zu kommen. Er ist stellvertretender Leiter der Passkontrolleinheit, die nächsten 24 Stunden ist er im Dienst, darum darf er den Dienstwagen benutzen. Seinen gebraucht gekauften Wartburg schont er, lange hat er um ihn gekämpft. Er musste sich an seinen obersten Chef wenden, den Leiter der Hauptabteilung VI der Staatssicherheit, um nicht 18 Jahre lang auf seinen Wartburg warten zu müssen; der General hatte ihm einen gebrauchten verschafft, immerhin, und als der Motor bei der ersten Autobahnfahrt verreckte, hat er ihm einen Kontakt geknüpft, zu einer Wartburg-Werkstatt, geführt von einem IM, und ihm so einen gebrauchten Motor beschafft, immerhin.

Harald Jäger, 45 Jahre alt, seit 25 Jahren bei der Staatssicherheit, führt ein Doppelleben. Seine drei Kinder wissen, dass er am Grenzübergang Bornholmer Straße Pässe kontrolliert, dass er bei der Stasi ist, wissen sie nicht. Jägers Kampfauftrag: an der Grenzübergangsstelle von Ein- und Ausreisenden im freundlichen

Gespräch Informationen sammeln über staatsfeindliche Bestrebungen »feindlich-negativer Kräfte«. Und weil Jäger das gut kann, freundlich plaudern, und zudem einen offenen Blick hat, ist er im letzten Vierteljahrhundert bis zum Oberstleutnant aufgestiegen und seine »Operativkartei« mit den Erkenntnissen über Tausende West- und Ostdeutsche prächtig angewachsen.

Jäger sieht sich nicht als Schnüffler, sondern als Staatsdiener, der hilft, den Sozialismus, diese wunderbare Idee der Solidarität und Brüderlichkeit, zu verteidigen. Im 40. Jahr der Republik erklärt er sich die großen Probleme der DDR damit, dass das Politbüro in der Hand von Greisen ist.

Allerdings: Jüngeren Kadern, wie dem Berliner Parteichef Günter Schabowski, traut er auch nicht. Der hat auf einer Parteiaktivtagung die 40.000 Mark für den neuen Wartburg zornig verteidigt, Qualität habe nun mal ihren Preis. Am Nachmittag des selben Tages hat Jäger denselben Schabowski auf einer 1.-Mai-Veranstaltung in einem Volvo vorfahren sehen, das hat gereicht, um ihn für ihn unglaubwürdig zu machen.

Knapp 20 Minuten braucht Jäger von der Vierraumwohnung im Plattenbauviertel Hohenschönhausen zur Bornholmer Straße, er ist in »Novemberstimmung«, wie er es nennt, es ist morgens noch dunkel und neblig, und vor ihm liegen 24 Stunden Langeweile. Der Donnerstag ist traditionell reiseschwach.

Waldsiedlung Wandlitz, bei Berlin

Gestern hat Günter Schabowski zum ersten Mal vor hundert westlichen Journalisten im Pressezentrum der Hauptstadt vorgeführt, dass er der westlichste aller ostdeutschen Führungskräfte ist. Mit wehnerhaft verschachtelten Sätzen, mit Humor und Selbstironie hat er auf die Journalisten gewirkt, wie ein Kommunist, der froh ist, endlich dem Gefängnis der Funktionärssprache entrinnen zu können. Er hat über den ersten Tag der 10. Sitzung des SED-Zentralkomitees informiert, mit den üblichen Phrasen, aber zwischendurch waren diese ungehörten Formulierungen aufgeblitzt, die ihn schnell zur westlichen Medienhoffnung machten.

Frühmorgens beim Frühstück hört Schabowski im *Deutschlandfunk* die Presseschau, um rüber in den Westen zu horchen. Von der Waldsiedlung Wandlitz, dem Ghetto der Politbürokraten, in der Schabowski mit seiner Familie lebt, bringt ihn der Volvo jeden Morgen ins ZK-Gebäude. Honecker hat die russischen Straßenkreuzer ausgetauscht gegen diese Volvos, damit seine Leute in Autos herumfahren wie ihre westlichen Gegenspieler; ein Mercedes, so Schabowski, roch ihm zu sehr nach Klassenfeind. 45 Minuten braucht sein Fahrer bis ins Zentrum der DDR-Hauptstadt, um zehn Uhr beginnt der zweite Tag der ZK-Tagung, Schabowski soll bald nach Beginn darüber reden, wie die DDR-Medien über Demonstrationen und Massenflucht berichten. Er war sieben Jahre lang ein treuergebener Chefredakteur des *Neuen Deutschland*, am Vortag ist er zum Medienverantwortlichen des Politbüros bestimmt worden.

9.00 Uhr, Berlin, Mauerstraße,
Innenministerium der DDR

In Gerhard Lauters Dienstzimmer treffen drei Besucher ein: Oberst Hans-Joachim Krüger und Oberst

Udo Lemme, sie sind von Stasi-Chef Mielke geschickt worden; dazu Generalmajor Gotthard Hubrich von der Hauptabteilung für Inneres im Innenministerium. Die Stasi-Obristen haben einen 19-zeiligen Entwurf für das mitgebracht, was die vier in den nächsten Stunden ausarbeiten sollen: eine Regelung für all die DDR-Bürger, die ihr Heimatland für immer verlassen wollen.

Gerhard Lauter, 2010

Lauter hat den Auftrag am Vortag von Innenminister Friedrich Dickel bekommen. Die Ansage: Beschlussvorlage für den Ministerrat bis morgen Mittag, parallel dem Politbüro vorzulegen, am 10. November sollen Anträge zur Ausreise von DDR-Bürgern direkt in die Bundesrepublik möglich sein. Auch über Westberlin? Ja, auch über Westberlin. Warum so dringend? Die Regierung der CSSR will die Grenze zur DDR schließen, weil zu viele DDR-Bürger über die CSSR in die Bundesrepublik fliehen, das belaste die politische Stabilität des Brudervolkes.

Vorab ist Lauter in Gesprächen mit seinen Mitarbeitern zu der Auffassung gelangt, dass eine Regelung ausschließlich für Republikflüchtlinge widersinnig ist. Warum soll der, der sich in der DDR wohl fühlt, nicht auch mal eben über die Mauer gucken dürfen, warum soll man ihn bestrafen dafür, dass er staatstreu ist?

Zu seiner Überraschung widersprechen die Stasi-Offiziere nicht groß, auch sie sind weichgeprügelt durch die täglichen Flüchtlingszahlen, auch sie waren wie Lauter an der Formulierung jenes missglückten Reisegesetzentwurfs beteiligt, der am 6. November veröffentlicht und innerhalb von Stunden zum Gespött der DDR-Bürger geworden war. Es war ein Reiseverhinderungsgesetz, nur 30 Tage im Jahr sollen die DDR-Bürger rausdürfen, jede Reise kann aus nicht überprüfbaren Gründen untersagt werden, und Anspruch auf den Umtausch von genügend Westgeld gibt es nicht.

10.00 Uhr, Berlin, im Gebäude des Zentralkomitees

Der zweite Tag der Beratungen des Zentralkomitees beginnt, Demonstrationen und Massenflucht lassen auch den innersten Machtzirkel des Arbeiter-und-Bauern-Staats erbeben. 40 Jahre lang waren die 213 Mitglieder und Kandidaten des ZK einerseits die zweithöchste Machtinstanz, andererseits waren sie Claqueure des 17-köpfigen Politbüros. An diesem 9. November bricht das sorgsam austarierte Machtgefüge auseinander.

Besonders Egon Krenz, der genug Machtinstinkt besessen hatte, Honecker drei Wochen vorher zu stürzen, irrlichtert durch den Tag mit derselben lächelnden Unbedarftheit eines Vico Torriani, mit der er seit seiner Machtergreifung durch die deutsche Revolution tapst. Das Netteste, was man über seine Rolle an diesem 9. November sagen kann: Er geht irgendwann schlafen und lässt die Dinge laufen, die seinen und den Untergang seiner Partei bedeuten.

Jetzt, um kurz nach zehn Uhr morgens, gibt er noch einmal den strengen Herrscher. Er empört sich vor den Mitgliedern des Zentralkomitees darüber, dass die DDR-Medien nicht so ergriffen wie gewohnt vom ersten Tag der ZK-Tagung berichtet haben.

11.00 Uhr, Berlin, Grenzübergang Bornholmer Straße

Seit der DDR-Staat von innen und außen unter Druck gerät, hat sich auch für Oberstleutnant Jäger der Dienst an der Bornholmer Straße verändert. Der Grenzübergang, einer von sieben in Berlin, liegt im Prenzlauer Berg, von der Stasi als Stadtbezirk von negativfeindlichen Kräften eingeschätzt, hier wohnen Staatsfeinde, Kirchenaktivisten, Umweltfreunde. Einreisende sind darauf zu überprüfen, ob sie mit dem Ziel herüberkommen, zu solchen Regimegegnern Kontakt aufzunehmen. Und seit Zehntausende DDR-Bürger abgehauen sind, müssen Jäger und seine Leute auch auf die »Maßnahme 210« achten. Das ist das Codewort für alle Republikflüchtlinge, denen die Einreise zu verweigern ist.

Für Jäger eine ganz neue Form von Grenzsicherung. Als die Mauer gebaut wurde, war er, seinen Karabiner im Anschlag, zusammen mit seinem Postenführer auf einen amerikanischen Jeep losgestürzt, der ein paar Zentimeter über die Grenzlinie geraten war; später hatte er mal einen Koch der Schweizer Botschaft erwischt, der auf der Diplomatenspur seine DDR-Freundin im Kofferraum immer wieder in den Westen rein- und rausschleuste; und dann waren nachts immer häufiger die »Wildschweine« an seinem Grenzübergang aufgetaucht, so nennen sie die Verrückten, die mal eben so zur Grenze kommen, ohne Papiere, aber oft mit einer Fahne, und rüberwollen.

Die waren aber alle nichts gegen die tausendfache Grenzverletzung, die seine eigene Partei- und Staatsführung vor fünf Wochen begangen hat: einen Zug voller Republikflüchtlinge von der CSSR über den Dresdner Bahnhof in die BRD zu führen, strafbar nach §213, Strafgesetzbuch der DDR. Das war für alle Grenzer an der Bornholmer Straße der Verstoß gegen all das, für das sie seit Jahrzehnten mit unfreundlichem Gesicht an ihrem Grenzübergang einstehen.

Sogar zu den Campingplätzen in Ungarn waren Jägers Leute in den Sommerferien von Mielke geschickt worden, um Republikflüchtlinge zu observieren. Und nun hatten Mielke und Honecker für diese Leute die Flucht organisiert, mit Waggons der Reichsbahn, das frisst seither an der Dienstmoral der Grenzer.

Die Mauer wird immer durchlässiger, gleichzeitig aber gilt seit Wochen erhöhte Einsatzbereitschaft an der Bornholmer Straße, was für den Leitungsoffizier Jäger bedeutete: immer wieder 24-Stunden-Schichten.

Berlin, Innenministerium,
Arbeitszimmer von Gerhard Lauter

Die vier Reisegesetzexperten haben sich darauf verständigt, ihren Auftrag zu erweitern. Sie fürchten, dass eine Regelung nur für ständig Ausreisende die gereizte Stimmung im Lande weiter anheizen könnte. Der Autoritätsverlust der Oberen aus Partei und Staat ist so weit fortgeschritten, dass die vier Spitzenbürokraten angstfrei und sachbezogen reden. Man müsse Nägel mit Köpfen machen, man dürfe nicht länger Kasperletheater spielen, solche Bemerkungen fallen in der Unterredung, man müsse endlich aufschreiben, wovon man überzeugt sei. Also beginnen sie, den Absatz einzufügen, der am Abend den Strom auf die Mauer auslösen wird: »Privatreisen nach dem Ausland können ohne Vorliegen von Voraussetzungen (Reiseanlässe und Verwandtschaftsverhältnisse) beantragt werden.« Und die vier fügen hinzu: »Genehmigungen werden kurzfristig erteilt.« Damit die DDR-Bürger nicht befürchten müssen, wochenlang auf das Visum warten zu müssen. Und sie ergänzen einen dritten Satz: »Versagungsgründe werden nur in besonderen Ausnahmefällen angewandt.« Damit wollen sie dem Misstrauen entgegenwirken, die generelle Regelung könne durch viele Ausnahmen eingeschränkt werden.

11.20 Uhr, Berlin, im Gebäude des Zentralkomitees

Während die vier die Verordnungen verfeinern, die Schabowski sieben Stunden später in der Pressekonferenz vorlesen wird, ist der damit beschäftigt, sich vor den Mitgliedern des Zentralkomitees zu rechtfertigen für das kritische Feuerwerk in den DDR-Medien. Er ist nun im Politbüro für die Medien zuständig, er muss aufpassen, dass er nicht zum Prügelknaben wird. Er besänftigt, indem er mitpöbelt, er spricht von »übelsten Methoden des Bodensatzes der westlichen Presse«, die inzwischen in DDR-Medien üblich seien, gar von »Entartungen«; aber er warnt auch davor, Journalisten für »die eigentlichen Lumpen« zu halten. Viele Chefredakteure würden zerrieben zwischen dem Druck der Partei und dem Druck der Straße und wollten abgelöst werden; die Medien müssten berichten über Proteste und Demonstrationen, aber eine »uferlos breite Berichterstattung, mit einer Dominanz feindlicher Auffassungen«, dürfe es nicht geben.

12.00 Uhr, Berlin, Innenministerium,
Arbeitszimmer von Gerhard Lauter

Die vier Spitzenbeamten haben sich auf einen Entwurf verständigt. Die beiden Stasi-Obersten haben sich telefonisch von ihrem Vorgesetzten die Einwilligung geben lassen. Lauter diktiert ihn seiner Sekretärin, »Beschlussvorschlag« steht obendrüber, gesperrt geschrieben, darunter als Einleitung: »Zur Veränderung der Situation der ständigen Ausreise von DDR-Bürgern nach der BRD über die CSSR wird festgelegt«. Diese Formulierung entspricht dem Arbeitsauftrag vom Morgen. Er bleibt so stehen, aber dann folgt der eingefügte Absatz über die Privatreisen, also die Besuchsreisen. Dann folgen drei Absätze, die sich wieder nur mit Regelungen zur ständigen Ausreise beschäftigen. Ein nicht eindeutiges Papier, das muss man zum Verständnis aller folgenden Missverständnisse festhalten. Am Ende des Papiers steht der wichtige Satz: »Über die zeitweiligen Übergangsregelungen ist die beigefügte Pressemitteilung am 10. November 1989 zu veröffentlichen.« Er steht auf der zweiten Seite der Beschlussvorlage, als einziger Satz, auch das wird später für Verwirrung sorgen.

Lauter ist darauf eingestellt, dass die eigenmächtige Erweiterung ihres Dienstauftrags irgendwo auf Widerspruch stößt, er spürt ein nervöses Bauchgrimmen.

Und dann geht dieses Papier auf seine Reise durch die Bürokratie der Partei- und Staatsführung; ein Exemplar ins Zentralkomitee, gebracht von Lauters Fahrer, ein zweites Exemplar – übers Innenministerium – zum Sitz des Ministerrats in der Klosterstraße. Dessen Büro bereitet das umständliche Umlaufverfahren vor: Bis 18 Uhr müssen alle 44 Minister der Beschlussvorlage zustimmen, sonst ist sie nicht gültig. Ohne die Genehmigung des Politbüros darf aber dieses Umlaufverfahren im Ministerrat nicht begonnen werden.

12.10 Uhr, Berlin, im Gebäude des Zentralkomitees

Während der üblichen Raucherpause zeigt Egon Krenz den um ihn herum stehenden Politbüro-Mitgliedern das Reisepapier, nur 8 von 17 sind dabei, auch Schabowski steht nicht in dieser Runde. Zwei Tage zuvor hatte sich das Politbüro schon einmal mit der Regelung der ständigen Ausreise beschäftigen müssen, weil der Ministerpräsident der CSSR mit der Schließung der Grenze gedroht hatte. Da war der Beschluss gefasst worden, dass der »Teil des Reisegesetzes, der sich mit der ständigen Ausreise befasst, durch eine Durchführungsbestimmung sofort in Kraft gesetzt wird« – das war der Auftrag an Innenminister Dickel, der dann am 9. November morgens bei Gerhard Lauter landete.

Das Problem war den Politbüro-Genossen also bekannt. Was nun in der zufälligen Runde von Krenz verlesen wurde, war für sie offensichtlich genau das, was zwei Tage vorher beschlossen worden war.

Ob denn die neue Regelung mit den sowjetischen Genossen abgestimmt sei, wird gefragt, denn das war vor zwei Tagen Teil des Beschlusses.

Krenz: Ja, das sei abgestimmt.

Berlin, Unter den Linden, in der sowjetischen Botschaft

Die Zustimmung der Moskauer Staatsführung zur Reiseregelung ist vom Botschafter Wjatscheslaw Kotschemassow telefonisch ins ZK übermittelt worden. Allerdings gehen die Sowjets davon aus, dass sie dem zustimmen, für was sie vor zwei Tagen um Zustimmung gebeten worden sind: die ständige Ausreise solle nicht mehr über Drittstaaten erfolgen, die DDR-Führung plane deshalb für Bürger, die die DDR für immer verlassen, einen neuen Grenzübergang im Süden unweit vom bayerischen Schirnding, diese Ausreiseordnung solle sofort in Kraft treten, deshalb brauche man schnell eine Entscheidung aus Moskau. Die war bis zum Mittag des 9. November nicht in Ostberlin eingetroffen, weil am 7. und 8. November der 72. Jahrestag der »Großen Sozialistischen Oktoberrevolution« gefeiert und am 9. November nachgefeiert wurde. Kotschemassow konnte weder Gorbatschow noch den Außenminister Schewardnadse erreichen, nur der stellvertretende Außenminister ist schließlich zu einem Ja bereit und überschreitet damit seine Kompetenzen. Dass es in dem Ministerratsbeschluss inzwischen um viel mehr geht, um eine generelle Reiseregelung und auch um die Berliner Mauer, ahnt er nicht.

13.45 Uhr, Berlin, im Gebäude des Zentralkomitees

Letzter Redner im Plenum des ZK vor der Mittagspause ist der DDR-Innenminister Friedrich Dickel, der Chef von Lauter, Mitglied im ZK seit 1967. Er spricht mit bewegter Stimme von den 60 Jahren, die er für die Arbeiterbewegung streitet, vom Kampf in der Weimarer Republik, in der Illegalität, im Spanischen Bürgerkrieg, in der Roten Armee gegen Hitler, in den Gründungsjahren der DDR, schließlich seit 26 Jahren als Innenminister und Chef der Volkspolizei. Sein letzter Kampf: gegen die Republikflüchtlinge und Staatsfeinde, die seit Wochen die DDR kaputtdemonstrieren wollen. Sie bepöbeln »uns«, sie zeigen den Vogel, wenn Vopos tanken wollen, sie werfen mit Steinen, sie versengen die Augenbrauen von Grenzern, »mit Kerzen«, sie versammeln sich vorm Brandenburger Tor, sie rufen: »Die Mauer muss weg.« Dickels Appell: »Diese Grenze ist da, und diese Grenze muss geschützt werden!« Starker Beifall im Plenum.

Dass sein Abteilungsleiter Lauter vor drei Stunden eine neue Reiseregelung in die bürokratische Umlaufbahn der Arbeiter-und-Bauern-Macht geschickt hat, die die Grenze zum Wackeln bringen wird, weiß Dickel nicht, da er seit fünf Stunden im Plenum des Zentralkomitees sitzt und nicht dem Politbüro angehört.

Anlässlich einer Kulturausstellung von Nordrhein-Westfalen in der DDR kommt es in der Mittagspause der ZK-Tagung zu einem Treffen zwischen Krenz und Nordrhein-Westfalens Ministerpräsident Johannes Rau. Als Rau auf die Reisefreiheit für DDR-Bürger zu sprechen kommt, differenziert Krenz in seiner Antwort zwischen ständiger Ausreise und Privatreise. Wer die DDR für immer verlasse, sei kein Feind, aber ein Egoist, wer als Arzt seine Patienten verlasse, habe nicht deren Wohl im Sinn.

Das eigentliche Problem der Reisefreiheit, also der Besuchsreisen, sei die Geldfrage, man brauche Milliardenbeträge, sonst sei die Reisefreiheit nur eine Scheinlösung.

Hinter diesen staatsphilosophischen Bemerkungen steckt ein geheimer Plan, den das Politbüro verfolgt: die Mauer an die Bundesrepublik zu verkaufen, genauer gesagt die Öffnung der Mauer zu verkaufen. Seit dem Sturz Honeckers und folgendem Kassensturz ist dem Politbüro klar, dass die DDR kurz vor dem Bankrott steht. Seit der Leiter der Staatlichen Planungskommission, Gerhard Schürer, und der Leiter der Kommerziellen Koordinierung, Alexander Schalck-Golodkowski, dem Politbüro den Schuldenstand der DDR offenbart haben, ist das Politbüro auf der Suche nach »drei Milliarden Valutamark über bisherige Kreditlinien hinaus«, und zwar sofort, wie es im entsprechenden Beschluss heißt. Durch verbesserte Zusammenarbeit zwischen DDR und BRD könnten »noch in diesem Jahrhundert« Bedingungen geschaffen werden, »die heute existierende Form der Grenze zwischen beiden deutschen Staaten überflüssig zu machen«. Voraussetzung allerdings: Vorschläge der BRD zur ökonomischen Unterstützung der DDR, wobei zu berücksichtigen sei, »dass unserem Land in der Zeit der offenen Staatsgrenze ... ein Schaden von ca. 100 Milliarden Mark entstanden« sei.

In Gesprächen mit Vertretern der Bundesregierung, Rudolf Seiters und Wolfgang Schäuble, hatte Schalck-Golodkowski im ersten Schritt für die Lockerung der Reisebestimmungen 300 bis 500 Millionen Mark gefordert, Seiters und Schäuble brachten ins Gespräch, die BRD könne ja die Kosten für die Rückfahrt der DDR-Bürger übernehmen.

15.30 Uhr, Berlin, Grenzübergang Bornholmer Straße

Ein ruhiger Nachmittag am Grenzübergang, kaum jemand will zu Fuß über die breite, geschwungene Stahlbrücke in die DDR, die Grenzer in den drei Passkontrollhäuschen langweilen sich, auch die beiden Fahndungsoffiziere, die auf 16 Monitore blicken, wissen nicht, wo sie hingucken sollen. Dazu zwölf Pkw-Spuren und zwei Diplomatenspuren – dieser Grenzübergang ist ausgelegt für einen intensiven Reiseverkehr zwischen Ost- und Westberlin.

Oberstleutnant Jäger sitzt im Zimmer des Lageoffiziers, er will die Ruhe nutzen, um lästigen Papierkram zu erledigen. Er notiert die neuesten Ergebnisse des sozialistischen Wettbewerbs der Grenzer, da werden Fahndungshinweise belohnt. Arbeitspläne und Schulungspläne fürs nächste Jahr würde er auch gern schreiben, aber es fehlen die Vorgaben der SED-Führung. Nach der ZK-Tagung, so ist er vom Vorgesetzten vertröstet worden, werde es so etwas wie Aufbruchstimmung geben, ein Aktionsprogramm.

Der Raum des Lageoffiziers ist die Kommandozentrale der Grenzübergangsstelle, vom Telefonpult läuft ein direkter Draht zum Operativen Leitzentrum in Schöneweide.

16.00 Uhr, Berlin, im Gebäude des Zentralkomitees

Um 15.30 Uhr hat die ZK-Tagung wieder begonnen, eine halbe Stunde später ergreift Krenz das Wort, um die Mitglieder des ZK abweichend von der Tagesordnung darüber in Kenntnis zu setzen, »dass es ein Problem gibt, das uns alle belastet: die Frage der Ausreisen«. Die CSSR beschwere sich über die DDR-Flüchtlinge, wenn die DDR die Grenze zur CSSR schließe, bestrafe man alle. »Was wir auch machen in dieser Situation, wir machen einen falschen Schritt«, mit diesen Worten kündigt er an, was er dann vorliest: den Entwurf von Lauter mit der Überschrift: »Beschluss zur Veränderung der Situation der ständigen Ausreise von DDR-Bürgern nach der BRD über die CSSR«.

Alles, was Krenz sagt, klingt nicht so, als habe er begriffen, dass dieses Papier etwas anderes sagt als das, was das Politbüro vor zwei Tagen in Auftrag gegeben hat. Er redet so, als enthielte das Papier nur das, was obendrüber steht (»Ständige Ausreise«) und nicht auch den Passus, den Lauter eingefügt hat (»Privatreisen«). Anderthalb Stunden vorher hat er gegenüber Rau die Gewährung von Reisefreiheit an ökonomische Vorleistungen der BRD geknüpft, und jetzt trägt er eine Regelung vor, die Reisefreiheit gewährt ohne ökonomische Bedingungen. Für die ZK-Mitglieder klingt das, was Krenz ihnen vorträgt, wie eine Durchsage auf dem Bahnhof: Zukünftig fahren die Züge mit den

Flüchtlingen nicht mehr über die CSSR, sondern die können jetzt direkt in die Bundesrepublik rüber. Die Genossen, so geben viele später zu, verstehen nicht, dass diese Zeilen das Ende des »antifaschistischen Schutzwalls« bedeuten.

Nur zwei melden sich zu Wort, der Kulturminister – er möchte die Formulierung »zeitweilige Übergangsregelung« streichen, das erwecke den Eindruck, als wolle man die neue Regelung bald wieder abschaffen – und der Innenminister Friedrich Dickel, er möchte nicht, dass das Ministerium des Innern die Regelung bekanntgibt, sondern das Presseamt des Ministerrats.

Ja, ergänzt Krenz, macht der Regierungssprecher.

17.00 Uhr, Berlin, Innenministerium,
Arbeitszimmer von Gerhard Lauter

Den ganzen Nachmittag über hat Lauter mit seinen Mitarbeitern an den Durchführungsbestimmungen für die Reiseregelung gearbeitet. Die Visaerteilung haben sich die Experten so vorgestellt, dass vom 10. November an jeder DDR-Bürger, der einen Pass hat, zur örtlichen Meldestelle gehen und ein Visum beantragen kann.

Mit dem Stasi-Oberst Lemme, am Vormittag einer der vier Verfasser, telefoniert Lauter mehrfach, ob es irgendwelche Reaktion aus dem Politbüro oder aus dem Ministerrat gebe, möglicherweise Änderungswünsche am Text, aber beide haben nichts gehört.

Am späteren Nachmittag liegt das Fernschreiben an die Dienststellen mit den Durchführungsregelungen versandfertig bereit, Lauter wartet auf die Freigabe. Dem Ministerrat hat Lauter vorgeschlagen, den Beschluss über die Reiseregelung mit einer Sperrfrist

»vier Uhr morgens« zu versehen, dann hätten die DDR-Bürger frühmorgens beim Frühstück durch das Radio von den neuen Reisemöglichkeiten erfahren und zu den Meldestellen gehen können. So weit der Plan.

17.45 Uhr, Berlin, im Gebäude des Zentralkomitees

Schabowski war bei der Beratung des Beschlusses zur ständigen Ausreise nicht im Plenum des Zentralkomitees, er ist damit beschäftigt, außerhalb des Sitzungssaals mit Journalisten über den Verlauf der ZK-Tagung zu diskutieren und ihnen Kontakte zu gewünschten Gesprächspartnern zu machen.

Bevor er zur täglichen Konferenz ins Internationale Pressezentrum aufbricht, drückt ihm Krenz während der laufenden Debatte im ZK-Plenum sein Exemplar des Ministerratsbeschlusses in die Hand, handschriftlich sind zwei Formulierungen verändert. Er solle den Beschluss auf der Pressekonferenz verkünden. Mit einer Handbewegung macht Krenz vier Fehler:

Die Einspruchsfrist gegen den Beschluss ist noch nicht abgelaufen, nicht alle der 44 Minister haben schon zugestimmt.

Zum zweiten war auf seinen Vorschlag hin im ZK festgelegt worden, dass der Regierungssprecher die Regelung verkündet, es ist ja ein Ministerratsbeschluss.

Zum dritten, und das ist der folgenreichste Fehler: Am Ende des Beschlusses, auf Seite zwei, steht, er solle am 10. November bekanntgemacht werden, damit alle Dienststellen, besonders die Grenzübergangsstellen, informiert werden können. Vorhin hat Krenz diesen Punkt im Plenum vorgelesen, nun hat er ihn offenbar vergessen und schickt Schabowski ins Verderben.

Viertens: Er drückt das Papier einem Mann in die Hand, der noch auf dem Informationsstand vom 7. November ist – bei den beiden Beratungen seither, im Politbüro und im Plenum, war er nicht anwesend.

18.53 Uhr, Berlin, Internationales Pressezentrum in der Mohrenstraße

Die Pressekonferenz ist fast vorbei, als Schabowski im überfüllten Saal das Wort einem Journalisten erteilt, der rechts von ihm vorm Podium sitzt. »Entschuldigen Sie, jetzt Sie, jetzt erst mal der italienische Kollege!« Riccardo Ehrman von der italienischen Nachrichtenagentur *Ansa* fragt: »Glauben Sie nicht, dass es war ein großer Fehler, diesen Reisegesetzentwurf, das Sie haben jetzt vorgestellt vor wenigen Tagen?"

Es folgt die verwirrendste und folgenreichste Verkündung einer neuen staatlichen Verordnung in der Geschichte internationaler Pressekonferenzen. Sie dauert acht Minuten, ist mit 30 Ähs gespickt, provoziert 14 hörbare Zwischenfragen und Dutzende unhörbare und lässt so viel unklar, dass Journalisten in den folgenden Stunden über diese Verkündung ständig neue Nachrichten absetzen können, die schließlich nur noch wenig damit zu tun haben, was in diesem Beschluss formuliert ist.

Schabowski erklärt, »dass man aus dem Entwurf des Reisegesetzes den Passus in Kraft treten lässt, der die ständige Ausreise regelt, also das Verlassen der Republik«. Das ist das, was am 7. November im Politbüro beschlossen wurde als Auftrag an das Innenministerium. Durch Nachfragen irritiert, blättert Schabowski in seinen Unterlagen, zieht eine Seite heraus (auf der zweiten Seite steht »am 10. November zu veröffentlichen«) und sagt dabei: »Also, Genossen, mir ist das hier also mitgeteilt worden, dass eine solche Mitteilung heute schon verbreitet worden ist. Sie müsste eigentlich in Ihrem Besitz sein.« Er geht also davon aus, dass die Journalisten den Beschluss schon kennen, offenbar hat er im Gespräch mit Krenz diesen Eindruck gewonnen.

Dann liest er – sehr schnell – vom Blatt Lauters Absatz (»Privatreisen«) vor. Wann tritt das in Kraft?, wird er gefragt. Schabowski blättert, schaut dabei hilfesuchend nach rechts, wo zwei ZK-Mitglieder sitzen. »Das tritt nach meiner Kenntnis … ist das sofort, unverzüglich« (blättert weiter in seinen Papieren), findet die Seite mit dem Satz »10. November« nicht.

Dann Frage, Antwort, Frage, Antwort. Berlin-West? Er guckt nach im Papier, ja, auch Berlin-West. In diesem Moment, räumt er später ein, sei ihm durch den Kopf geschossen: »Hoffentlich wissen die Sowjets davon, dieses Ding berührt ja den Viermächtestatus, verflucht.«

Schließlich, am Ende der Konferenz, das Eingeständnis: »Ich drücke mich nur so vorsichtig aus, weil ich nun in dieser Frage nicht, also, ständig auf dem Laufenden bin, sondern kurz, bevor ich rüber kam, diese Information in die Hand gedrückt bekam.« Das ist entwaffnend ehrlich. In den Wochen und Monaten danach räumt Schabowski ein, das Papier von Krenz weder im ZK noch im Auto gelesen zu haben, später behauptete er, es durchgelesen zu haben.

Nach der Pressekonferenz erklärt er dem *NBC*-Reporter Tom Brokaw im Interview, wie er selbst das verstanden hat, was er in den acht Minuten erklärt hat: »It is no question of tourism. It is a permission of leaving GDR.« Es geht nicht um Tourismus, es ist die Erlaubnis, die DDR zu verlassen.

18.54 Uhr, Berlin, Grenzübergang Bornholmer Straße

Oberstleutnant Jäger hat Mühe, Schabowskis Worten zu folgen. In der Kantinenbaracke sitzen 20 Mann an den Tischen, er sitzt allein am letzten freien Tisch, im Zwiegespräch mit vier halben Brötchen. Der alte Schwarzweißfernseher steht in der anderen Ecke, nur Jäger versucht, die Worte der Pressekonferenz zu verstehen. »Sofort ... unverzüglich ... Berlin-West.«

»Was redet der denn da?«, brüllt Jäger durch den Raum. Alle Gespräche verstummen, die Grenzer starren den Diensthabenden an.

Jäger stürmt aus der Kantine, hinüber ins Lagezimmer, ruft auf der Direktleitung seinen Vorgesetzten Rudi Ziegenhorn an, in der Hauptabteilung VI der Staatssicherheit an diesem Abend für die Passkontrolleinheiten zuständig. »Hast du den Quatsch von Schabowski auch gehört?«, fragt der.

»Ja eben, deshalb rufe ich Sie ja an«, sagt Jäger.

»Was ist denn jetzt los?« – »Ja, nichts«, sagt er, »was soll denn sein?« – Jäger: »Na ja, Sie haben es doch selber gehört!« – »Na eben«, sagt er, »das geht ja gar nicht«.

18.54 Uhr, Berlin,
sowjetische Botschaft Unter den Linden

Der Gesandte, Igor Maximytschew, verfolgt im Botschaftsgebäude Schabowskis seltsamen Auftritt vor der internationalen Presse. Er kennt ihn, Schabowski ist mit einer Russin verheiratet und spricht gut Russisch. Maximytschew ist erst verblüfft, dann zornig. Zwei Tage lang ist es zwischen der DDR-Regierung und der Botschaft hin und her gegangen um die Frage der ständigen Ausreise und der Einrichtung eines neuen Übergangs Richtung Bayern. Nun ist von Westberlin die Rede und einer Reisefreiheit für alle DDR-Bürger, das ist etwas vollkommen anderes.

Botschafter Kotschemassow meldet sich telefonisch, will eine Einschätzung von Maximytschew. Vielleicht haben Krenz und Genossen auf direktem Weg, vielleicht über die Stasi, Kontakt mit der sowjetischen Parteiführung aufgenommen und in letzter Minute die neue Regelung abgestimmt?

Warschau, Gästehaus der polnischen Regierung

Seit dem Nachmittag ist Bundeskanzler Helmut Kohl zum offiziellen Besuch in Polen. Sein Berater Horst Teltschik hat noch am Morgen die Einschätzung des BND zur Lage in der DDR überprüft. »Die Geheimdienste hatten nicht die geringsten Hinweise. Wenn wir etwas geahnt hätten, dann wäre der Bundeskanzler nicht nach Warschau gereist.« Zwei Tage vorher hat allerdings der DDR-Gesandte in Bonn den zuständigen Abteilungsleiter im Bundeskanzleramt darüber informiert, dass die DDR beabsichtige, den Teil des Reisegesetzes in Kraft zu setzen, der sich mit ständiger Ausreise befasst.

Kurz vor der Abfahrt zum abendlichen Staatsbankett bekommt Kohl einen Anruf aus Bonn und hört von Schabowskis Pressekonferenz.

20.00 Uhr, Hamburg, Redaktion der Tagesschau

Seit 19.03 Uhr melden die Nachrichtenagenturen, was ihre Journalisten aufgeschnappt haben aus Schabowskis widersprüchlichen Verkündigungen. *Reuters* und *dpa* stellen das »Ausreisen« für DDR-Bürger heraus, *Associated Press* interpretiert die neuen Bestimmungen als »Grenzöffnung« und eröffnet damit den Wettbewerb unter den Journalisten, wer dem, was Schabowski gesagt hat, die größte Wucht verleihen kann.

Die *Aktuelle Kamera* im DDR-Fernsehen verkündet um 19.30 Uhr: »… können Privatreisen nach dem Ausland ohne besondere Anlässe beantragt werden«. Um 19.41 Uhr meldet *dpa* nun: »Die DDR-Grenze zur Bundesrepublik und nach Westberlin ist offen.« Um 20 Uhr beginnt die *Tagesschau* daraufhin mit der Schlagzeile »DDR öffnet Grenze«. Der Reporter, der über die Pressekonferenz berichtet, kommentiert in seinem Beitrag: »Also auch die Mauer soll über Nacht durchlässig werden.«

Der *Tagesschau* liegt inzwischen auch eine *ADN*-Meldung vor. *ADN*, die staatliche Presseagentur, hatte die Pressemitteilung des Innenministeriums auf dem Schreibtisch, allerdings mit Sperrfrist vier Uhr, 10. November. Günter Pötschke, Generaldirektor, entschied in Absprache mit dem Regierungssprecher Meyer, sich nach Schabowskis Pressekonferenz nicht mehr daran zu halten. Meyer: »Der muss total verrückt sein.« Pötschke: »Was machen wir denn nun?«

Pötschke ist Mitglied im Zentralkomitee, er war dabei, als Krenz den Zettel an Schabowski gab. Im April 2009 überraschte der Italiener Riccardo Ehrman, jener Journalist, der während der Pressekonferenz Schabowski die erste Frage stellte, mit der Nachricht, er sei von Pötschke gebeten worden, die Frage nach der Reiseregelung zu stellen. Wenn das stimmt, dann traute Pötschke seinem Medienchef Schabowski möglicherweise zu, die Verkündung der Reiseregelung zu vergessen. Schabowski hatte sich jedoch auf seinem Spickzettel für die Pressekonferenz weiter unten notiert: »Text Reiseregelung«.

20.30 Uhr, Berlin, Theater im Palast der Republik

Lauter sitzt mit seiner Frau im Theater, »Reineke Fuchs« von Goethe. Von Schabowskis Erzählungen hat er nichts mitbekommen. In seinem Büro liegen die Fernschreiben bereit, die alle Dienststellen im Land genauestens über die neue Reiseregelung informieren können. Um vier Uhr, wenn die Sperrfrist abgelaufen ist, will er ins Büro fahren und sie abschicken.

20.30 Uhr, Berlin, Grenzübergang Bornholmer Straße

Schon kurz nach Schabowskis Konferenz waren die ersten Neugierigen am Grenzübergang aufgetaucht, sie hielten aber Distanz vom Schild mit der Aufschrift: »Grenzgebiet«. Unter den Grenzern machte der Satz die Runde: »Bald kommen sie, die Wildschweine.«

Nach 20 Uhr war die Menge schnell angewachsen, und sie war auch immer näher gerückt, auf die Grenzanlagen zu. Nicht aggressiv, vorsichtig, die neue Freiheit austestend. Die ganz vorn standen, verwickelten die Grenzer in Gespräche, fragend, was die neue Regelung denn bedeute. Jäger hatte seine Leute angewiesen, alle zu vertrösten, sie müssten erst ein Visum beantragen. Gegen halb neun stehen Hunderte vor dem Schlagbaum.

Jäger steht nun vorn vor der ersten Reihe der Ungeduldigen, die fordernder werden. Mit lauter Stimme versucht er, sie zu beruhigen: »Genosse Schabowski hat eine neue Reiseregelung verkündet, aber man braucht dafür eine Genehmigung. Die bekommen Sie bei der Volkspolizei, nicht hier.«

Das Echo aus der Menge: »Sofort, hat er gesagt« – »Unverzüglich«.

Ein Streifenwagen der Volkspolizei fährt vor, Jäger erwartet, dass die Polizisten genaue Instruktionen haben. Im Gespräch erfährt er, dass die genauso ratlos sind. Aber über den Lautsprecher des Streifenwagens geben sie Auskunft: »… es ist nicht möglich, Ihnen hier und jetzt die Ausreise zu gewähren.«

Zum ersten Mal lautes Gejohle und Proteste, Jäger zieht sich in sein Postenhäuschen zurück. Und beobachtet, wie nach ein paar Minuten ein großer Teil der Menschen abzieht, in Richtung Arminplatz, dort ist eine Wache der Volkspolizei. Jägers Hoffnung: Vielleicht öffnet die Meldestelle nun, um Schnell-Visa auszustellen.

Doch nach zehn Minuten sind alle Wildschweine wieder da, noch lauter und wütender als vorher, sie sind auf den nächsten Morgen vertröstet worden.

20.20 Uhr, Berlin, im Gebäude des Zentralkomitees

Während Schabowski die Welt mit seinen Verkündungen in Aufruhr brachte, während die Ostberliner sich in immer größerer Zahl den sieben Grenzübergängen nähern, beraten die ZK-Mitglieder im »Haus der tausend Fenster«, wie es genannt wird, über die Zukunft des Sozialismus. Es ist der Sound der Kaderpartei, der sich durch die Diskussionsbeiträge zieht, Schuldzuweisungen, Selbstkritik, Anschuldigungen, Ausflüchte, alles weit entfernt von dem, was die Leute beschäftigt, die sich auf die Schlagbäume zubewegen.

Einer der Redner wird konkret, Günter Ehrensper-ger, Leiter der ZK-Abteilung Planung und Finanzen, er macht allen klar, dass die DDR seit 16 Jahren über ihre Verhältnisse lebt und kurz vor der Pleite steht. Empörung im Plenum und die Forderung, den Dis-kussionsbeitrag auf keinen Fall zu veröffentlichen. »Dann laufen uns die letzten Leute weg«, brüllt einer durch den Saal. »Wir schockieren die ganze Republik«, schickt Krenz hinterher.

Um 20.45 Uhr machen sich die meisten ZK-Mit-glieder auf den Heimweg durch das von Gerüchten brodelnde Ostberlin. Sie erfahren zum Teil unterwegs durch Gespräche oder dann durch Telefonate von dem, was die Reiseregelung und die Pressekonferenz Schabowskis ausgelöst haben.

21.00 Uhr, Berlin, Grenzübergang Bornholmer Straße

»Wir wollen rüber, wir wollen rüber.« Die Leute vor Jägers Grenzern werden lauter. Die Offiziere sind rat-los, Jäger versucht immer wieder, seinem Vorgesetzten Ziegenhorn in der Stasi-Zentrale den Ernst der Lage klarzumachen. Der gibt ihm seit zwei Stunden immer denselben Befehl. Schick die Leute zurück, sie sollen morgen wiederkommen.

Hinter den Leuten stauen sich inzwischen Autos einen Kilometer lang auf der Bornholmer Straße bis zur Schönhauser Allee. Ihnen stehen 52 bewaffnete Grenzer gegenüber. »Wenn wir schießen, dann hän-gen wir am Laternenpfahl«, sagt der an der Bornhol-mer Straße diensthabende Grenztruppenkomman-dant später. Seit April haben sie die Anweisung, Konflikte ohne Waffengebrauch zu lösen. »Einzige Ausnahme«, so Jäger, »wenn das eigene Leben bedroht ist«. Noch mal Anruf bei Ziegenhorn. »Jäger, ich kann dir keine Entscheidung mitteilen, ich hör ja von oben auch nichts.«

Jäger löst, in Sorge um das Wohl seiner Leute und verlassen von seinen Vorgesetzten, den »stillen Alarm« aus, das bedeutet, etwa 50 bis 60 Grenzer rücken zusätzlich an.

21.37 Uhr (Berliner Zeit), Washington,
im Weißen Haus

US-Präsident Bush will eine Stellungnahme zu den Vorgängen in Berlin abgeben und lässt eine Gruppe von Journalisten ins Oval Office. In den Stunden vorher haben er und Außenminister Baker vor allem Fernsehen geguckt, um sich ein Bild von der Lage zu machen. Später wird er sich beklagen: »Es gab zu diesem Zeitpunkt nicht eine einzige Vorinformation, dass die Mauer fallen würde, auch nicht ein Blatt Papier der Geheimdienste.«

Bush hat sich eine Deutschlandkarte bereitgelegt, zur besseren Orientierung. Er gibt eine Erklärung ab, die einen der Journalisten zu der Frage provoziert, ob er nicht in Hochstimmung sei? »Ich bin kein emotionaler Typ.« Wie begeistert sind Sie? »Ich bin zufrieden.«

Die Informationen sind Bush zu dünn, und er will die Russen nicht provozieren. Die US-Truppen in Berlin sind in Alarmzustand versetzt worden. Bushs Sicherheitsberater Brent Scowcroft sagt später: »Wir wussten einfach nicht, was da in Ostberlin vorgegangen war. Wir mussten auf einen heftigen Militärschlag gefasst sein.«

21.45 Uhr, Berlin, im Gebäude des Zentralkomitees

Krenz versucht, Gorbatschow zu erreichen, in Moskau ist es kurz vor Mitternacht. Die sowjetische Zentrale, so Krenz, sei nicht mehr bereit gewesen, eine Verbindung herzustellen. »Ich hätte sicher eine Verbindung bekommen, wenn ich gesagt hätte, wir stehen kurz vor einem Krieg.«

21.45 Uhr, Mainz, Redaktionsgebäude des ZDF

Im *heute journal* wird seltsamerweise kritisiert, die neue Regelung gelte nur für Ausreisewillige. Es wäre besser, »wenn verkündet worden wäre, dass jeder DDR-Bürger mit seinem Reisepass über die Grenze gehen kann und auch wieder zurück«.

Der Bundeskanzler, immer noch zu Gast in Polen, erklärt im Interview, er sei zu Hilfen für die Flüchtlinge bereit. »Geht das noch, Herr Bundeskanzler?«, fragt der Interviewer Peter Voß. »Können wir sie noch aufnehmen?«

21.50 Uhr, Berlin, Grenzübergang Bornholmer Straße

Seit einigen Minuten wenden Jägers Leute die »Ventillösung« an: Die besonders wilden Wildschweine sollen aus der Menge vorn am Schlagbaum und an den Zäunen herausgepickt und in den Westen gelassen werden. Auf dem Foto ihres Ausweises soll ein Passkontrollstempel allen Grenzern bedeuten: »Achtung, illegal ausgereist, nicht wieder einreisen lassen.«

Wer so einen Stempel auf oder neben das Foto bekommt, der soll gleichzeitig in der Fahndungskartei erfasst werden.

Das ist also nun das Ergebnis von Jägers stunden-langer Forderung nach Befehlen: Die Stasi bürgert alle aus, die mal eben in Westberlin vorbeischauen wollen. Jäger ist das recht, Hauptsache, er hat eine Weisung. Vor 20 Minuten, nachdem er wieder bei Ziegenhorn gedrängelt hatte, war er von seinem Vorgesetzten zum Zeugen eines Gesprächs mit dessen Vorgesetzten gemacht worden. Der hatte ihn zuhören lassen, als er mit der Stasi-Zentrale in der Normannenstraße telefo-nierte. »An der Bornholmer Straße wird es bedrohlich, sagt Jäger.« – »Kann der das denn überhaupt beurtei-len, oder hat der nur Angst?«

Aber kurz darauf war die Ventillösung ersonnen. Die ersten Protestführer sind nun auf dem Weg in den Westen, zur Tarnung sollen die Grenzer auch ein paar weniger Laute rüberschicken.

22.00 Uhr, Waldsiedlung Wandlitz, bei Berlin

Schabowski, der sich nach der Pressekonferenz gleich nach Wandlitz hat herausfahren lassen, bekommt einen Anruf von einem Genossen der Berliner SED-Bezirks-leitung. Der ist in der Wohnung eines Bekannten, nahe der Bornholmer Straße. Hunderte hätten sich vor dem Grenzübergang versammelt und wollten raus. Schabo-wski ist sauer. Aber auf wen? »Verdammte Sauerei, wie-der mal Pannen in der Übermittlung.« Er sagt seinem Mitarbeiter, er solle ihn auf dem Laufenden halten.

Berlin, Unter den Linden,
im Wohntrakt der sowjetischen Botschaft

Weil Igor Maximytschew, der sowjetische Gesandte, die Vorgänge an der Mauer im Westfernsehen verfolgt, sorgt er sich. Ihm dämmert langsam, dass das alles keinem Plan folgt. »Man spürte, wie mit jeder Viertelstunde die Spannung stieg, die Gefahr war sehr groß, dass jemandem die Nerven durchgehen«, sagt er später. In Moskau Alarm schlagen? Dort ist es jetzt tiefe Nacht, nach einem langen Tag des Nachfeierns der Oktoberrevolution. Wen erreicht er jetzt? Wer jetzt wach ist, will sich wichtig machen, trifft vielleicht im Übereifer eine gefährliche Entscheidung.

Von der KGB-Dependance in Berlin-Karlshorst gehen Eilmeldungen nach Moskau, werden aber erst am nächsten Morgen beantwortet, dann aber mit dem sich ständig wiederholenden Befehl nach neuen Lageberichten. An diesem Abend sind die Berliner KGB-Leute nicht von ihren Verbindungsoffizieren bei der Staatssicherheit informiert worden über Schabowskis Konferenz und die Folgen, sondern aus den Fernsehsendungen.

Botschafter Kotschemassow ist schlafen gegangen, hat sich mit einem Schlafmittel aus der Schusslinie genommen.

22.00 Uhr, Berlin, im Stadtteil Lichtenberg

Als Lauter mit seiner Frau vom Theaterabend nach Hause kommt, empfängt ihn sein Sohn mit den Worten: »Du sollst mal deinen Innenminister anrufen, der hat ein paarmal nach dir verlangt. Und im Übrigen ist die Grenze auf.«

Lauter muss nicht mehr telefonieren, er bleibt im Mantel, eilt zu seinem Trabi und fährt ins Innenministerium.

Zwei ZK-Mitglieder, Helmut Koziolek und Eberhard Heinrich, sind noch auf der Politbüro-Etage im ZK-Gebäude, sie haben bis eben an den letzten Formulierungen des SED-Aktionsprogramms gefeilt. Als sie gehen, treffen sie im Flur einen verwirrt wirkenden Egon Krenz. »Was soll ich denn nur machen?«, habe der Parteichef geklagt, »es kann doch nicht um eine Grenzschließung gehen!«

Ein anderes ZK-Mitglied erreicht Krenz telefonisch, will wissen, was los sei, der aber meint, er verstünde selbst nicht, was passiert sei.

22.30 Uhr, Berlin, Grenzübergang Bornholmer Straße

Die Ventillösung hat zunächst für Beruhigung gesorgt am Grenzübergang. Jäger hat drei Schalter aufgemacht, die Glücklichen müssen in eine Schleuse, die hinten durch eine Fahrstuhltür wieder verschlossen wird. Es ist tatsächlich eine Fahrstuhltür aus Metall, die per Knopfdruck geöffnet und geschlossen werden kann – die Erfindung eines Sicherheitsoffiziers, für die Jägers Leute eine Neuererprämie bekamen.

Die Erfindung wird nun genutzt, um die Lauten von den Stillen zu trennen, aber je länger die Grenzer selektieren, je mehr sie durch die Schleuse lassen, desto lauter werden die Stillen. »Tor auf! Tor auf!«

Längst ist Jäger damit beschäftigt, die durch den stillen Alarm anrückenden Grenzer zur Sicherung der wichtigen Punkte des Grenzübergangs einzuteilen: Operativbereiche, Dienstbaracke, Fahndungskartei, Lagepult, alles muss abgesichert werden gegen Übergriffe.

Auf der Fahrt mit seinem Trabi ins Innenministerium ist Lauter durch den Kopf gegangen, was mit der Beschlussvorlage von heute Morgen schiefgegangen sein kann. Nachdem er den Wachtposten seinen Dienstausweis gezeigt hat, betritt er menschenleere Gänge – die Hauptabteilung Pass- und Meldewesen hat nachts keine Diensthabenden. Als er sein Büro erreicht, sieht er die 24 grünen Lampen seiner Telefonanlage leuchten. Aus allen Teilen der Republik wollen Vopos, Stasi-Offiziere und Bezirkschefs wissen, was es auf sich hat mit diesem Reisebeschluss. Einer der ersten Anrufer: Die US-Botschaft in Ostberlin will – in Deutsch – Aufklärung.

22.42 Uhr, Hamburg, Redaktion der Tagesthemen

Die *Tagesthemen* beginnen an diesem historischen Abend später als sonst, nicht wegen der Maueröffnung, sondern weil das DFB-Pokalspiel 1. FC Kaiserslautern gegen 1. FC Köln in die Verlängerung geht. Der Moderator Hanns Joachim Friedrichs spricht die berühmten Sätze: »Die DDR hat mitgeteilt, dass ihre Grenzen ab sofort für jedermann geöffnet sind. Der Reiseverkehr in Richtung Westen ist frei. Die Tore in der Mauer stehen weit offen.« Zu dem Zeitpunkt stimmt das noch nicht, als die Redaktion live zur Invalidenstraße schaltet, steht der Reporter vor dem immer noch geschlossenen Grenzübergang. Aber die Worte des Moderators sind stärker als die Bilder. »Tore weit offen«, Zigtausende in Ost- und Westberlin machen sich auf den Weg, durch die Tore zu stürmen.

23.00 Uhr, Berlin, Unter den Linden,
im Wohntrakt der sowjetischen Botschaft

Der Gesandte Maximytschew sieht die *Tagesthemen*
mit Erleichterung, von Schüssen oder Prügeleien ist
nicht die Rede. Die vergangenen Stunden seien für ihn
die dramatischsten Momente seiner Diplomatenzeit
gewesen, wird er später sagen. »Keiner der DDR-Offi-
ziellen hat uns angerufen, und wir konnten niemanden von ihnen ans Telefon bekommen. Wir hatten den
Eindruck, dass die ganze Führung der DDR wie vom
Erdboden verschluckt war.«

Waldsiedlung Wandlitz bei Berlin

Der zweite Anruf von seinem Mitarbeiter verdirbt
Schabowski endgültig den Abend. An der Bornholmer
Straße stehen Tausende vor dem Grenzübergang und
wollen raus. Schabowski lässt seinen Volvo kommen
und sich in die Stadt fahren.

Warschau, im Palais Radziwill

Bundeskanzler Kohl wird von seinem Regierungssprecher so gut es geht informiert. Kohl: »Wir standen in
diesem Moment außerhalb dieser Ereignisse, wir fühlten uns quasi wie auf einem anderen Stern.«

23.10 Uhr, Berlin, Grenzübergang Bornholmer Straße

Während immer mehr DDR-Bürger durch die Fahr-
stuhltürschleuse in den Westen ziehen, kommen die
ersten von ihren Westtrips zurück. Darunter auch ein
Ehepaar, ihr Bild im Pass ist gestempelt, sein Bild nicht.

Jäger guckt die Frau an, schmächtig, sie weint, will nach Hause zu ihren Kindern. Aber eigentlich ist sie jetzt ausgebürgert. Jäger lässt sie wieder einreisen und befiehlt seinen Leuten: »Alle dürfen einreisen, alle!«

Die Ventillösung, das merkt Jäger in dem Moment, ist keine. Er ruft alle wichtigen Offiziere in das Leiterzimmer der Dienstbaracke. Da er von oben keine Anweisungen bekommt, will er sie einbeziehen. Es gibt drei Alternativen: abwarten, das kann dazu führen, dass bald die Ersten durch den Druck der Nachrückenden an den Zäunen verletzt werden, vielleicht um sich schlagen, in Panik geraten. Oder NVA-Truppen anfordern, ihnen die Entscheidung überlassen und riskieren, dass durch den Aufmarsch der Bewaffneten die Lage außer Kontrolle gerät. Oder: die Schlagbäume hoch, die Leute rauslassen, unkontrolliert.

Jäger guckt in die Runde. »Ausreisen lassen?« Alle sind stumm. »Schießen lassen?« Sie gucken entsetzt. Keiner will einen Rat geben und Verantwortung teilen.

Berlin, Grenzübergang Bornholmer Straße, am Schlagbaum

Seit zwei Stunden treibt sich Marcus Hahn jetzt am Grenzübergang herum. Der 22-Jährige, Buchhalter beim Berliner Aufzug- und Fahrtreppenbau, hatte Schabowskis Pressekonferenz bei seiner Mutter in Friedrichshain gesehen, er dachte, da muss man sicher einen Antrag stellen, das dauert, sie sagte, probier es mal, und deshalb ist er dann später, als er Zigaretten kaufen wollte, zum Grenzübergang geschlendert. Hahn musste ein bisschen drängeln, zu dem Zeitpunkt hielten die Leute noch Abstand zu den Grenzern.

Einige wollten unbedingt rüber, andere wollten wie er nur gucken.

Die Stimmung war bestens, hat ihn angesteckt, er lief in seine Wohnung und holte seine Freundin, die schon schlief. »Zieh dich an, wir müssen raus, irgendwas passiert noch.« Er hatte keine Angst, dass die mit Knüppeln kommen. Die Menge wuchs schnell. »Da stellen wir uns nicht an«, maulte seine Freundin. Sie haben sich vorgedrängelt, die Leute waren lustig, brüllten »Macht auf«, die Stimmung war nicht angespannt.

Die Grenzer haben Einzelne herausgewinkt, die durften dann rüber. »Ich hab gedacht, so geht das doch nicht weiter.«

23.25 Uhr, Berlin, Grenzübergang Bornholmer Straße

Oberstleutnant Jäger ist verzweifelt. Seit 21 Uhr sind die Leiter der Passkontrolleinheiten aller Berliner Übergänge in der Hauptabteilung VI in Berlin-Treptow beisammen, seit über drei Stunden hat Jäger von oben nichts gehört außer Durchhalteparolen. Später erfährt er, dass dort Generalmajor Fiedler, jener General, der ihm – immerhin – seinen gebrauchten Wartburg-Motor besorgt hat, die Runde in Ruhe wiegte mit dem Satz: »Wie ich meine Berliner kenne, gehen die um 23 Uhr ins Bett.«

Es ist 30 Minuten nach 23 Uhr, und wo sind die Berliner? Sie stehen, 20.000 Mann hoch, vor Jägers Schlagbaum und brüllen: »Tor auf, Tor auf!« Und was macht Jäger nun? Lässt alle Stempel, Zählkarten, Visaformulare, Fahndungskarten in den Safe schließen und brüllt seinen Leuten zu: »Macht den Schlagbaum auf!« Und sein Kollege gibt Meldung an den Vorgesetzten: »Wir fluten jetzt!«

Und Marcus Hahn? Steht ganz vorn am Schlagbaum, seine Freundin hinter ihm, hält sich an seiner Jacke fest. Als die Offiziere vor ihm den Schlagbaum nach innen führen, wird er von den Leuten nach vorn gedrückt, hält sich mit einer Hand am Schlagbaum fest, um nicht zu fallen, wird von der Menschenmenge weitergetrieben, immer tiefer in den Grenzübergang hinein, mit der ausdauernden Kraft eines Tsunami ergießt sich der stundenlang, jahrelang, jahrzehntelang aufgestaute Wille von Zehntausenden über die breite Stahlbrücke nach Westen.

Marcus Hahn erwartet, auf irgendeine Kontrolle zu treffen, auf Grenzer, auf Formulare, aber er trifft auf zwei grinsende Männer in dunkelgrüner Uniform, die ersten Westpolizisten. Er bleibt stehen und macht, was ihm seine Mutter geraten hat: Wenn du irgendwo bist, wo du noch nie warst, musst du erst mal die Luft einatmen, weil es anders riecht. Ja, es riecht anders.

23.40 Uhr, Berlin, Innenministerium,
Arbeitszimmer von Gerhard Lauter

Für Lauter setzt sich aus den Anrufen, die im wilden Takt sein Telefonpult zum Leuchten bringen, langsam ein Puzzlebild der auslaufenden Republik zusammen. Die Diensthabenden im Innenministerium und bei der Staatssicherheit haben keinen Überblick und stellen Anrufe zu ihm durch, und so wird er zum Auge inmitten der Blindheit. Keiner, so ist sein Eindruck, trifft zentral Entscheidungen, es ist ein wildes Durcheinander von Einzelentscheidungen.

Die Berliner Grenzübergangsstellen sind alle kurz nach Mitternacht offen. Nachdem Oberst Ziegenhorn von Jäger erfahren hatte, dass an der Bornholmer

Gerhard Lauter, 2010

Straße die Schlagbäume oben sind, hat er – nach Rücksprache mit Gerhard Niebling, dem Leiter der Zentralen Koordinierungsgruppe Flucht/Übersiedlung der Stasi – die anderen sechs Grenzübergänge angewiesen aufzumachen. Von Krenz oder Mielke, so Niebling, später, gab es vorher keine Weisung zur Grenzöffnung. Es ist eine Nacht ohne zentrale Befehle, so Niebling, weder der Nationale Verteidigungsrat noch der Generalsekretär, der Stasi-Chef, der Innenminister noch der Verteidigungsminister versuchen, Herr der Lage zu werden.

23.50 Uhr, Berlin,
Grenzübergang Heinrich-Heine-Straße

Schabowski ist bei seiner Tour durchs freiheitstrunkene Ostberlin an der Heinrich-Heine-Straße angekommen, an der Bornholmer Straße war kein Durchkommen zum Grenzübergang. Alles ist offen, die Berliner kommen und gehen wie vor 30 Jahren. Als er mit seinem Volvo vorfährt, tritt ein Stasi-Mann in Zivil auf ihn zu und spricht zackig den coolsten Satz dieser Nacht. »Keine besonderen Vorkommnisse.«

23.50 Uhr, Berlin, Grenzübergang Bornholmer Straße

Die Grenzer stehen einzeln herum oder laufen ziellos zwischen den Menschen auf dem Gelände ihres Grenzübergangs umher. Jäger zieht es zur Operativbaracke, sie steht abseits, sie war am Beginn seines Grenzdienstes das einzige Gebäude am Übergang. Er will sich sammeln, die letzten Stunden verarbeiten. Als er die Baracke betritt, trifft er auf einen Hauptmann und einen anderen Offizier. Dem einen laufen Tränen übers Gesicht, der andere sitzt im Vernehmungsraum und wird von Weinkrämpfen geschüttelt.

10. November, 0.15 Uhr,
Westberlin, Ku'damm

Marcus Hahn ist auf seiner Expedition ins Land, das anders riecht, mit seiner Freundin bis zum Ku'damm vorgestoßen. In der U-Bahn hierher hat sie keiner angesprochen, der Ku'damm ist nicht so hell, wie er gedacht hat, richtig hell ist nur McDonald's.

Von einem Mann hat er sich Kleingeld erbettelt und seine Mutter angerufen. Sie schlief schon. »Wie isses, wie isses?« – »Ja, ganz okay, wir kommen aber wieder.«

Und dann in Frankfurt seinen Vater angerufen. Der hat sofort seinen Jazzkeller dichtgemacht und ist nach Berlin gefahren.

4.00 Uhr, Berlin, Innenministerium,
Arbeitszimmer von Gerhard Lauter

Auf *Radio DDR I* muss Lauter das Schweigen der DDR-Führung übertönen. In einem Interview erklärt er denen, die jetzt noch oder wieder wach sind, wie das eigentlich gedacht war mit der Reiseregelung. Um diese Uhrzeit sollte die Sperrfrist ablaufen, jetzt sollte die neue Reiseregelung bekanntgegeben werden. Lauter versucht, die DDR-Bürger in die Meldeämter zu schicken, einen Pass beantragen, ein Visum beantragen, aber seinen Worten ist anzuhören, dass er nicht so recht daran glauben mag.

Später am Morgen setzt sich Lauter auch noch ins Studio des DDR-Fernsehens, mit tiefschwarzen Augenringen, zerwühlten Haaren und nervösem Blick übernimmt er, in das freundliche Chaos wieder die Ordnung der Reiseregelung zu bringen. Er könnte zum Symbolbild des Neuanfangs werden, aber er sitzt da als letzter Mann eines zerfallenen Regimes.

6.30 Uhr, Berlin, Ueckermünder Straße

Der Wecker klingelt in der Wohnung von Marcus Hahn. Um zwei Uhr ist er aus dem Land des neuen Geruchs zurückgekehrt, hat den Grenzer gegrüßt mit den Worten »Bin wieder da«, und der hat zurückgelächelt. 300 Meter vom Grenzübergang Bornholmer Straße entfernt hat er sich dann in sein Bett gelegt.

Er geht um sieben Uhr zur Arbeit, er ist einer der wenigen, die an diesem Morgen arbeiten wollen beim Berliner Aufzug- und Fahrtreppenbau in Pankow. Und kehrt nach zwei Stunden zurück ins Bett.

Die lange Nacht des Schweigens endet auch am Morgen nicht: Krenz und die anderen Politbüro-Mitglieder äußern sich nicht zum Mauerfall, als die Tagung des Zentralkomitees fortgesetzt wird. Zunächst keine Rechtfertigung, keine Kritik, kein Wort.

ZK-Mitglied Gerhard Schürer, der Leiter der Plankommission, redet, als gäbe es noch etwas zu planen, dabei ist ihm klar, wie er später eingesteht, dass die Maueröffnung ohne Gegenleistung es der DDR unmöglich macht, »als Staat weiter zu existieren«. Die Öffnung sei nicht Absicht des Politbüros gewesen, und auch den ZK-Mitgliedern war nicht klar, dass durch die neue Regelung »in der Nacht die Mauer fällt«. Früher habe jeder »Grenzübergang der DDR hundert Millionen gebracht, durch den 9. November habe die DDR 63 neue Grenzübergänge geschaffen, ohne zu kassieren«, diese Rechnung der historischen Nacht machte Hans Modrow später vor Stasi-Generälen auf.

Am Morgen des 10. November findet die Abrechnung nur in kleiner Runde statt, »wer hat uns das eingebrockt?«, stöhnt Krenz, »wer hat das Ding mit Westberlin verbrochen?«, mosert Mielke.

Eine Nacht lang sind die Wildschweine hin- und hergerast zwischen Ost- und Westberlin, machten Kohl, Bush, Gorbatschow und Krenz zu ohnmächtig staunenden, schlafenden Zuschauern, nun greifen die Mächtigen wieder zu. Sie schicken Depeschen und Telefonate um den Erdball, sie versuchen eine Sprache zu finden für die Anarchie der Nacht, sie lenken den Irrtum wieder in diplomatische Bahnen, sie machen aus dem Irrtum die deutsche Einheit.

Für alle Kommunisten war diese Nacht eine Tragödie, für alle anderen ein Geschenk des Irrtums, und für Genießer eine Komödie. »Eins, zwei, drei« nannte Billy Wilder seine Komödie, die er drehte, als die Mauer gebaut wurde. »Drei, zwei, eins« ist die Fortsetzung, gedreht in einer Nacht, mit drei Hauptdarstellern, einer Handvoll Nebendarstellern und Hunderttausenden Komparsen, die eigentlich Hauptdarsteller sind.

Was diese Geschichtslektion so komisch macht, ist die Kette der Ereignisse, die ausgelöst wird durch ein paar heruntergehaspelte Sätze auf einer Pressekonferenz (»Privatreisen können beantragt werden, Genehmigungen werden kurzfristig erteilt«), die eigentlich keinen Menschen auf den Gedanken bringen können, einen DDR-Bürger schon gar nicht, er dürfe die Grenze stürmen. Der unbeabsichtigte Fall der Mauer, so hat es der gründlichste Mauerforscher der Republik, der Berliner Historiker Hans-Hermann Hertle, zusammengefasst, »entstand durch ein Zusammentreffen von unkoordinierten Entscheidungen der SED-Spitze, falschen Situationsdefinitionen der West-Medien, spontanen Entschlüssen von Fernsehzuschauern und Radiohörern sowie Ad-hoc-Entscheidungen der Grenzsicherungsorgane«. Mit anderen Worten: Es war nicht unbedingt Schwarmintelligenz, die in dieser Nacht ein Regime stürzte, es war ihr Gegenteil.

Lauter, Schabowski, Jäger, die drei planlosen Komplizen dieses Putsches, sind sich in den vergangenen 20 Jahren gelegentlich über den Weg gelaufen. Lauter blieb im Innenministerium der DDR, solange es das noch gab, er blieb auch der SED treu, solange es die noch gab. Er wurde Mitglied in der Schiedskommission der Partei und sollte die Verfehlungen des alten Politbüros untersuchen.

So kam es, dass er an einem Januarsamstag zu Gericht saß über den Mann, der ihn am 9. November um den Schlaf gebracht hat. Schabowski wurde ausgeschlossen aus der Partei, die er zu retten versucht hatte.

Lauter musste sich nach dem Tag der Einheit in die freie Marktwirtschaft stürzen, wanderte durch viele Gesellschaften mit beschränkter Hoffnung, mit beschränkter Haftung, landete als Berater bei einer Fluggesellschaft, konnte sich irgendwann eingestehen, dass seine Chefs nicht nur kein kanadisches Geld hatten, sondern überhaupt keins, und musste dann die letzten Stewardessen entlassen.

Heute betreibt Lauter zusammen mit seiner Frau die Kanzlei Lauter & Lauter in Leipzig, sie sind spezialisiert auf Arbeitsrecht, Sozialrecht, Hartz IV.

Den Absturz aus dem Olymp der DDR überlebte Schabowski, indem er sich als Kronzeuge denjenigen zur Verfügung stellte, die er vorher »Klassenfeinde« genannt hat. Er versuchte, ihnen seine Irrtümer zu erklären, und da man davon nicht leben kann, landete er, der journalistische Strippenzieher der SED, als Blattmacher bei dem Anzeigenblatt *Heimat-Nachrichten* im hessischen Rotenburg. 1995 wurde ihm der Prozess gemacht wegen der Mauertoten, er bekam drei Jahre, 1999 musste er ins Gefängnis, im Jahr 2000 wurde er begnadigt.

Was hat Oberstleutnant Gerhard Jäger vom Grenzübergang Bornholmer Straße gemacht mit der neuen Reisefreiheit? Ist zunächst auf die Insel Bornholm gereist, später nach Norwegen und Österreich, nie nach Paris, Städte mag er nicht und Mallorca schon gar nicht.

8.000 Mark Abfindung hat er bekommen, als der neue deutsche Staat die Dienste der Stasi-Leute nicht mehr brauchte; als Zeitungsverkäufer hat der Oberstleutnant dann gearbeitet, später als Eisverkäufer, zuletzt als Wachhabender, erst für 5,50 Euro die Stunde, dann für 4,60 Euro. Seine Frau: lange arbeitslos, seine Enkel: inzwischen auch. »Arbeitslosigkeit gehört zum Kapitalismus«, das hat ihn nicht überrascht.

Dass Deutschland vereinigt ist und die DDR seit 19 Jahren Geschichte, das wissen alle drei zu schätzen, wenn auch nicht gleichermaßen. Schabowski, der gefallene Bonze, ist der Radikalste, er hätte sich gewünscht, dass die SED verboten worden und eine intensivere Auseinandersetzung mit ihren Untaten möglich gewesen wäre.

Die Finanzkrise, so sieht es Jäger, hat all das bestätigt, was er früher in den Marxismus-Kursen gehört hat. An der sozialen Marktwirtschaft findet er bemerkenswert, dass er nun als Rentner mehr Geld bekommt, als er in die Rentenkasse eingezahlt hat. Sein Herz schlage immer noch links, aber sein Kopf sage ihm, dass Reichtum für alle utopisch ist.

Und Lauter, der am Morgen des 9. November durch einen dreizeiligen Absatz in einer Ministerratsvorlage seine DDR ins Wanken brachte? Will nicht den Sozialismus zurück, der an diesem Tag unterging, aber ist Mitglied im Leipziger Stadtvorstand der Partei »Die Linke«.

Cordt Schnibben in: *Der Spiegel* 45/2009,
mit freundlicher Erlaubnis des *Spiegel*

Gerhard Lauter, 2010

Ende mit Nebel

Ich kann nicht sagen, dass uns die Öffnung der Staatsgrenze – gemeinhin und fälschlich als »Mauerfall« bezeichnet, schließlich »fiel« das Bauwerk nicht, es wurde in jener Nacht lediglich überflüssig – unberührt gelassen hatte. Letztlich beschleunigte sie den Prozess des Niedergangs und des Zerfalls aller gesellschaftlichen Strukturen. Armeegeneral Friedrich Dickel war inzwischen zurückgetreten, Generalleutnant Lothar Ahrendt, einer seiner Stellvertreter, war im Amt des Innenministers nachgefolgt. Der Grund auf dem wir uns bewegten, schwankte, dennoch versuchten wir – neben allen internen und öffentlichen Diskussionen sowie Neuerungen, zu arbeiten, wie wir es gewohnt waren. Zumindest in meinem Bereich lief es wie gewohnt, das Einwohnermeldewesen der DDR sollte bis zum letzten Tag des Staates funktionieren; keine Geburt, kein Tod blieb unregistriert. Das ist wohl ein Wesensmerkmal der deutschen Bürokratie: Sie verrichtet allen Fährnissen und Bedrängungen zum Trotz mit stoischem Gleichmut ihren Dienst. Was manchem als tödliche Langeweile erscheint, ist gerade ihre Stärke. Nicht grundlos werden die Deutschen dafür beneidet.

Am 2. Dezember fand die Kreisdelegiertenkonferenz der SED im Ministerium statt, sie zählte wohl an die 15.000 Parteimitglieder und -kandidaten. Nicht wenige der etwa 2,3 Millionen »Genossen« hatten inzwischen ihre Mitgliedschaft aufgekündigt – was übrigens laut Statut nicht möglich war, dieses sah nur den Ausschluss, nicht den Austritt vor –, der Unmut über die bekanntgewordenen Unregelmäßigkeiten in der Parteiführung hatte nicht wenige Karrieristen und Opportunisten veranlasst, mit Aplomb ihr Parteidokument auf den Tisch zu legen. Natürlich kehrte auch manch überzeugter Kommunist »seiner« Partei den Rücken. Tagtäglich standen neue Enthüllungen über Privilegien, Amtsmissbrauch und andere Schweinereien in der Zeitung, aus denen hervorging, dass es sich einige aus der Führung und deren Angehörige ganz gut hatten gehen lassen. Mit zeitlichem Abstand relativierte sich mancher Skandal, die Kirche kehrte wieder ins Dorf zurück, und angesichts der Skandale der Oberen in jener Gesellschaft, die dann über uns kam und deren Zeugen wir werden sollten, wirkte manches banal und kleinbürgerlich. Gleichwohl: Wir hatten unsere eigenen Maßstäbe, und gemessen an diesen war die Empörung begründet, als ruchbar wurde, dass jene, die uns Wasser predigten, selber fortgesetzt heimlich Wein soffen. Und den nicht zu knapp.

Die innerparteiliche Diskussion, ob nun bei einer Parteikonferenz oder auf einem Sonderparteitag alles auf den Tisch gekippt werden sollte, hatte letztlich entschieden, einen Parteitag abzuhalten. Denn laut Statut war allein ein Parteitag, nicht eine Konferenz, das höchste Gremien der SED. Nur ein Parteitag konnte die Führungsgremien wählen und maßgebende Beschlüsse fassen. Das setzte aber zwingend die Wahl von Delegierten auf den verschiedenen Ebenen voraus, womit die demokratische Legitimierung der Parteitagsteilnehmer hinlänglich bestätigt war. Dieses Procedere fand auch bei früheren Parteitagen statt, gewiss. Aber da waren die meisten Delegierten, die man »wählte«, bereits gesetzt: der Minister, der 1. Sekretär der SED-Kreisleitung, Generalmajor Erwin Primpke … Primpke sollte sich am 27. Dezember 1989 das Leben nehmen wie andere 1. Sekretäre von Kreisleitungen bereits zuvor: Helmuth Mieth am 30. Oktober, 1. Sekretär der KL in Bautzen; Herbert Heber am 4. November, 1. Sekretär der KL in Köthen und Gerhard Uhe am 7. November, 1. Sekretär der KL in Perleberg …

Aus den verschiedenen Grundorganisationen waren sie erschienen, auch aus den diversen Einrichtungen, die ebenfalls zum Ministerium gehörten: die Versorgungseinrichtungen, Lager, Fahrbereitschaften, aus der Hubschrauberstaffel, dem Polizeikrankenhaus in der Scharnhorststraße, aus dem Kriminalistischen Institut, den Ferienheimen und so weiter. Aus der Hauptabteilung Pass- und Meldewesen hatte man meinen Stellvertreter Heinz Pohl und mich delegiert.

Die Diskussion auf der Versammlung war offen und heftig, es schien, als hätten alle den unsichtbaren Maulkorb abgelegt, den sie bislang getragen hatten. Nun führte dieser Akt der Befreiung nicht automatisch zu einem höheren Bewusstsein. Es wurde manch dummes Zeug geredet, da war viel Unüberlegtes dabei. Es wurden Vorwürfe erhoben, Anschuldigungen, die bar von Sachkenntnis waren, die Emotionen schäumten über, im Eifer des Gefechts, wie man so sagt, verlor mancher die Selbstbeherrschung. Alte Rechnungen wurden aufgemacht, dieser rächte sich für eine ungerechte Behandlung, jener für einen Anschiss. Doch in der Tendenz überwog die Ernsthaftigkeit, das Nachdenken, wie die Partei, das Land aus dieser tiefen Krise geführt werden könne, in der sich augenblicklich befanden. Die Mehrheit gab uns keineswegs verloren, wenngleich die nüchtern Kalkuierenden sich sicher waren, dass die Chancen ziemlich gering waren. Nachdem »die Mauer« nicht mehr existent war, die 28 Jahre lang wirklich eine Art Schutzwall vor dem Kapitalismus bedeutete, waren wir kein Schutzgebiet mehr. Eine zweite kapitalische deutsche Republik brauchte niemand, sie war überflüssig. Damit hatte sich die Existenzberechtigung erledigt. Und ein sozialistischer deutscher Staat als gesellschaftliche Alternative war angesichts der realen Machtverhältnisse in Deutschland undenkbar. Wir hatten es nicht vermocht, uns zu behaupten und waren an uns und an den internationalen Verhältnissen gescheitert. Da wir nicht besser waren als die anderen, würden wir eben als Staat aus der Geschichte verschwinden. Das war mein persönliches Fazit.

Dennoch wollte ich kämpfen, so lange es ging. Und so nahm ich die Wahl an, als man mich mit weiteren neun Genossinnen und Genossen zum Sonderparteitag der SED am 8./9. Dezember entsandte.

Der Konvent trat absichtsvoll in der Dynamo-Sporthalle und nicht im Palast der Republik zusammen, wo die letzten drei Parteitag der SED getagt und zwei Monate zuvor der 40. Jahrestag der DDR in gespenstischer Kulisse begangen worden war. Draußen mussten unsere Volkspolizisten gegen Demonstranten vorgehen, und drinnen flogen die Sektkorken. Die Vorgänge um den 7. Oktober arbeitete inzwischen eine Untersuchungskommission auf.

Die dreißig Parteitagsdelegierten der Kreisorganisationen der zentralen bewaffneten Organe trafen sich im Vorfeld des Parteitags mit Markus Wolf, dem ehemaligen Aufklärungschef der DDR und Stellvertretenden Minister für Staatssicherheit. Der Generaloberst a. D. hatte am 4. November bei der Kundgebung auf dem Alexanderplatz ebenfalls das Wort ergriffen. Mutig stellte er sich vor die Mitarbeiter der geschmähten bewaffneten Organe, insbesondere der Staatssicherheit, und war dafür ausgepfiffen worden.

Wir waren uns einig: Ja zur DDR, ja zum Sozialismus, aber demokratisch! Mit dieser Marschroute gingen wir zum Parteitag.

Die meisten Anwesenden in der Dynamo-Sporthalle waren erstmals auf einem Parteitag, sie kamen mehrheitlich aus einer anderen politischen Generation. Es gab weder einen fein choreografierten Ablauf, wie wie man ihn von früheren SED-Parteitagen kannte, keine minutiöse Regie, noch abgestimmte Redebeiträge. Vieles kam spontan, unvorbereitet, sieht man mal von einigen Beiträgen des Vorbereitungsausschusses ab. Die Rede des Potsdamer Professors Michael Schumann, der sich mit der Krise in der Gesellschaft und ihren Ursachen und der Verantwortung der SED auseinandersetzte, wurde wiederholt durch Zwischenrufe unterbrochen und seine Thesen anschließend kontrovers diskutiert. Von der zurückgetretenen Parteiführung waren nur wenige erschienen. Ich sah Egon Krenz, Siegfried Lorenz, Heinz Keßler und Kurt Hager. Aber keiner von ihnen ergriff das Wort: Ihnen war per Parteitagsbeschluss ein Redeverbot erteilt worden, die alten Kader sollten lediglich auf den Abendveranstaltungen in den Bezirken Rede und Antwort stehen.

Die zentrale Frage, immer wieder gestellt, lautete: auflösen oder erneuern? Der Rechtsanwalt Gysi plädiert für Selbstreinigung. »Die Auflösung der Partei und ihre Neugründung wäre meines Erachtens eine Katastrophe für die Partei.« Am Ende des ersten Tages wurde er zum Vorsitzenden der SED gewählt.

Der Parteitag fand am folgenden Wochenende Fortsetzung. Dann wurden diverse Führungs- und Parteigremien gewählt und auch ein neuer Name kreiert: SED-PDS. Das letzte Kürzel steht für »Partei des demokratischen Sozialismus«. (Auf einer Vorstandssitzung zwei Monate später sollte die SED eliminiert werden: Es blieb, für viele Jahre, bei der PDS.) Ich selbst wurde als Jurist sowohl in die Untersuchungskommission, die vom Parteitag beauftragt wurde, einen Bericht über Amtsmissbrauch und Korruption der alten Parteiführung zu erstellen, als auch in die Zentrale Schiedskommission gewählt, die über Verbleib oder Ausschluss einst führender Funktionäre entschied.

Ich zog einige wenige mir vertraute Kriminalisten zu den Untersuchungen hinzu, meine Sekretärin schrieb den Bericht. Was, streng genommen, sie nicht hätte machen dürfen. Denn mit der »führenden Rolle der Partei«, die inzwischen von der Volkskammer aus der Verfassung gestrichen worden war, war es eben so vorbei wie mit der Parteiarbeit am Arbeitsplatz. Die Grundorganisationen in den Betrieben lösten sich auf.

Name: Lauter   Vorname: Gerhard
Funktion: Mitarbeiter
ist Mitglied der Untersuchungskommission des Parteivorstandes der SED—PDS zur Untersuchung von Vergehen gegen das Statut der Partei und Verletzung der Gesetze durch ehemalige und jetzige Funktionäre der Partei und bevollmächtigt, im Auftrag des Parteivorstandes der SED—PDS alle in diesem Zusammenhang erforderlichen Befragungen und Untersuchungen durchzuführen und entsprechende Dokumente einzusehen.

Gregor Gysi
Vorsitzender der SED—PDS

Legitimation als Mitglied der Untersuchungskommission

Die Genossen sollten sich in Basisorganisationen in ihren Wohngebieten zusammenschließen. Auf dem Weg dorthin gingen weitere hunderttausend Mitglieder verloren.

Für die Tätigkeit der Schiedskommission, die bis 1993 von Staatsanwalt Dr. Günther Wieland geleitet wurde, war uns in der zweiten Etage im Großen Haus ein Büro zugewiesen worden. Dort hatte bis vor kurzem ZK-Sekretär Kurt Hager gearbeitet – er sollte im Januar aus der Partei ausgeschlossen werden. Später wollte ihn die Berliner Justiz wegen seiner Mitverantwortung für das Grenzregime anklagen, doch der Prozess musste wegen Verhandlungsunfähigkeit ausgesetzt, also eingestellt werden.

Auf meinem Schreibtisch türmten sich schon bald Rehabilitationsanträge von Gemaßregelten, die ihre Ehre und ihre Unschuld zurückbekommen wollten. Darunter war etwa das Schreiben eines Feldwebels des MfS, der in Wandlitz in der Küche gearbeitet hatte,

Der Inhaber dieses Ausweises ist berechtigt, Akten und sonstige Materialien mit sich zu führen.

Rückseite

213

welcher behauptete, eine Parteistrafe erhalten zu haben, weil er irgendwann im Februar den Wunsch des Genossen Honecker nach frischen Erdbeeren nicht habe erfüllen können. Er empfand das als ungerecht; ich auch. Das Problem in diesem wie auch anderen Fällen bestand aber darin: Stimmte das alles, was man vortrug? Jeder konnte behaupten, wozu er lustig war. Lohnte sich der Aufwand, jedem einzelnen Fall nachzugehen, die Aussagen zu überprüfen? Oder sagte man generell: Okay, wir löschen deine Parteistrafe, du bist rehablitiert, es hat nie ein Verfahren gegeben. Vielleicht war dies das einfachste, denn Rehabilitation bedeutete ja nicht, das man einen anderen neu beschuldigte.

Doch wie verhielt es sich bei jenen, die sich tatsächlich schuldig gemacht hatten und deren Mitgliedschaft darum zur Disposition stand? Der Auschluss aus der SED als höchste Form der Parteistrafe wurde ja in der Vergangenheit angewandt, wenn jemand die Partei schwer geschädigt hatte: politisch, moralisch, materiell. Das galt doch auch jetzt für die Spitzenkader, die namentlich die persönliche Verantwortung trugen für die Krise, in der sich das Land befand.

Wir luden sie schriftlich zu einer Sitzung der Zentralen Schiedskommission ein und erbaten vorab eine Stellungnahme zu ihrer persönlichen Verantwortung. Die Lektüre dieser Auskünfte war so informativ wie befremdlich. Und wir haben intern um jeden einzelnen heftig diskutiert, mitunter geradezu gestritten. Vor der Abstimmung über Egon Krenz, des letzten Generalsekretärs, verließ der Vorsitzende Wieland den Raum. Bis auf Werner Eberlein und Siegfried Lorenz wurden alle ehemaligen Politbüromitglieder ausgeschlossen. Mancher, etwa Margot Honecker, kam unserer Entscheidung zuvor. Wir hatten sie aufgefor-

Auf dem Sonderparteitag der SED am 7./8. Dezember 1989 mit Redeverbot belegt: Egon Krenz, Siegfried Lorenz, Heinz Keßler und Kurt Hager (v.r.n.l.)

dert, über die Fehlentwicklungen in der Volksbildung und ihre persönlichen Beitrag dazu Rechenschaft abzulegen, worauf sie uns wissen ließ, dass sie sich »nicht mehr der SED-PDS zugehörig« fühle.

Wir haben es uns wirklich nicht leicht gemacht. Nächtelang haben wir uns die Köpfe heiß geredet. Herbert Graf, Mitarbeiter des Vorsitzenden der Schiedskommission, berichtete in seinen Memoiren (»Mein Leben. Mein Chef Ulbricht. Meine Sicht der Dinge«) darüber, wie er dem damals 81-jährigen Leipziger Historiker Walter Markov, der 1951 wegen »Titoismus« aus der SED ausgeschlossen worden war, im Februar 1990 unsere Entscheidung über seine Rehabilitierung überbrachte.

»Walter Markov ließ, als ich ihm in seinem Anwesen in Leipzig-Holzhausen gegenüber saß, keine Spannung aufkommen. Freundlich nahm er das Dokument über seine Rehabilitierung entgegen. Er hatte dieser Entscheidung offensichtlich nicht – wie so manch anderer – im Zorn, sondern mit erstaunlicher Gelassenheit entgegengesehen. Für mich völlig unerwartet offenbarte er sein Verständnis für die Umstände der Entscheidung vom Mai 1951 über seinen Parteiausschluss. Entsprang diese Haltung, so fragte ich mich, der Größe eines Weisen, der Nachsicht des Alters, oder wollte Markov in dieser von Vorwürfen überhitzten Zeit die Bürde meiner Mission erleichtern? Er hatte diese seine Haltung, wie ich später nachlesen konnte, schon Jahre zuvor dokumentiert.«

Und Graf weiter: »Wie beiläufig erkundigte er sich nach dem Ablauf der Verfahren der Schiedskommission der PDS zum Parteiausschluss früherer Mitglieder des Politbüros der SED.

In einer 17 Stunden währenden Sitzung wurden am 20. Januar 1990 über vierzehn frühere Genossen entschieden, dreizehn wurden ausgeschlossen. Nach einer Pause fragte Markov: ›Ging es dabei sehr emotional zu?‹

Je länger die Veranstaltung dauerte, desto hitziger ging es zu, war meine Antwort.

Der öffentliche und parteiinterne Druck war groß. Verantwortliche der unübersehbaren tiefen Krise sollten benannt, sollten bestraft werden. Für Tatsachenrecherchen blieb da kaum Zeit. Das zeigte sich in vielen der Fragen und Vorhaltungen an die Auszuschließenden, in deren Antworten und den unwiderruflichen Entscheidungen. Einspruchs- oder Revisionsmöglichkeiten waren in diesen Verfahren nicht vorgesehen. Die Vergangenheit, die zur Bewältigung anstand, blieb – wie konnte es anders sein – noch gegenwärtig.

›Lass uns das Thema wechseln‹, meinte Markov schließlich. Ihn bewegte der unaufhaltsame Zerfall der DDR. Verkümmerten 40 Jahre Anstrengungen für den Aufbau einer neuen Gesellschaftsordnung zu einem Irrtum, günstigstenfalls zu einer Fußnote der Geschichte? Die Krise der DDR war zwar nicht ohne Vorankündigung ausgebrochen. Wer aber hätte die Implosion des gesellschaftlichen Systems und der Machtstrukturen im Herbst 1989 voraussehen können?«

Und dann wurde es grundsätzlich: »Markov hielt sich bei seiner Betrachtung der Situation nicht an den turbulenten, oft gegenläufigen Tageserscheinungen oder an den Worten oder dem Wortbruch einzelner Politiker auf. Ihm ging es um das Wesen der historischen Vorgänge. Es sei, so meinte er, wenig produktiv, wahrscheinlich auch gefährlich, wenn Politiker nur auf die heftigen, kurzen Wellen gesellschaftlicher Bewegungen schauen und nur daraus Schlüsse ziehen. Geschichte aber vollziehe sich nur in der Pendelbewegung langer kräftiger Wellen.

Die Sklavenaufstände unter Spartakus wurden blutig niedergeschlagen. Sie aber wurden der Beginn der über Jahrhunderte laufenden Prozesse der Überwindung der Sklaverei auf allen Kontinenten. Im 16. Jahrhundert wurden die deutschen Bauern von den Heeren der Feudalen besiegt. Drei Jahrhunderte danach war in Europa die feudale Ordnung weitgehend überwunden. Der französischen Revolution von 1789 – Markovs Spezialthema – widmete er in dieser Betrachtung besondere Aufmerksamkeit und natürlich der Pariser Kommune von 1871, dem ›Wetterleuchten der Weltgeschichte‹. Er beendete diese historische *tour de horizont* mit der Bemerkung: Wie alle großen gesellschaftlichen Bewegungen bedürfe auch die des Sozialismus zu ihrer Vollendung nicht Jahrzehnte, sondern Jahrhunderte. Historische Abläufe bedürfen langer Pendel. Auf Dauer aber lasse sich Geschichte nie anhalten. ›Was passieren kann‹, war später von ihm zu lesen, ›wenn menschliches Geschick in unrechte Hände fällt und Ignoranz triumphiert, ist, dass auf begrenzte Zeit der Lauf der Geschichte gestaut wird, wonach zu befürchten steht, dass der Dammbruch um so heftiger ausfällt.‹«

Wir waren 1989/90 Zeugen und Element in diesem Dammbruch.

Irgendwann kehrte ich ins Ministerium zurück, meine Mitarbeiter warteten schließlich auf Auskunft, wie es weitergehen würde. Das konnte ich ihnen nicht sagen. Die Wochen vergingen wie im Fieberrausch. An den Runden Tischen wurde jegliche Polizeiarbeit denunziert, verurteilt, alles war Stasi-Teufelswerk, ich fragte mich schon selbst, warum ich überhaupt Jurist und Polizist geworden war. Sollte man selbst alle Scheidungsurteile aufheben, verurteilte Vergewaltiger rehabilitieren?

Am 18. März siegte bei den Volkskammerwahlen die mit Hilfe des Bundeskanzlers geschmiedete konservative »Allianz für Deutschland«. Der DSU-Politiker Peter-Michael Diestel, ein Jurist, wurde Innenminister und Vizepremier. Der Beifall im MdI hielt sich in Grenzen: Was war von dem zu erwarten?

Diestel marschierte in den Sitzungssaal des Kollegiums, dem Heiligtum des Hauses. Er wurde begleitet von einem mir unbekannten älteren Herrn, von seinen neuen Staatssekretären – dem langjährigen stellvertretenden Minister General Karl-Heinz Schmalfuß und dem vormaligen Chef der Bezirksbehörde der Volkspolizei Karl-Marx-Stadt, Generalmajor Peter Müller – sowie von zwei Männern, die als Berater aus dem bayerischen Innenministerium vorgestellt wurden. Die versammelte Mannschaft sprang auf, wie sie es gewohnt war, wenn der Allerhöchste erschien.

Diestel eröffnete launig: Meine Herren, ich kann mir Ihre Freude darüber vorstellen, dass Sie einen schwarzen Minister bekommen haben. Angst müssen Sie jedoch nicht haben. Mein Vater hier neben mir war bis zu seiner Rente Standortältester der NVA auf Rügen, und bleiben Sie in Ihren Positionen, mit Milchmädchen und Pfarrern kann ich die Ordnung in diesem Land nicht aufrechterhalten. Auf gute Zusammenarbeit.

Das haute uns fast aus den Socken.

Die Struktur im Ministerium wurde entsprechend den Hinweisen der westdeutschen Berater umgekrem-

DDR-Innenminister Peter-Michael Diestel im Disput mit Volkspolizisten, 19. Juli 1990

pelt. Ich wurde Unterabteilungsleiter Verwaltungsrecht, was bedeutete, dass zum Pass- und Meldewesen noch das Staatsbürgerschaftswesen, die Standesämter, die Kriegsgräberfürsorge und andere schwierige Dinge hinzukamen. Gefragt wurde nicht, wiewohl ich keine Ahnung von manchem hatte: Was, zum Beispiel, war Staatsbürgerschaftswesen?

Meine nächsten Aufgaben waren kompliziert und schlicht zugleich: Arbeit am Einigungsvertrag, in dem es auch das Verwaltungsrecht zu regeln galt. Wir konnten uns eigentlich die Fummelei sparen, weil es schon bald ein Bundesverwaltungsgericht im Prunkgebäude des ehemaligen Reichsgerichts in Leipzig geben sollte.

Die Strukturen der Verwaltungsgerichtsbarkeit waren jedoch in der DDR schon geschaffen worden, es mangelte an Fachpersonal, vor allem geeigneten Richtern, die auch den Mut hatten, eine Verwaltungsentscheidung irgendeiner Behörde aufzuheben. Das hatte es noch nie zuvor in der DDR gegeben, sollte es aber und zwar recht bald. Doch es kam nicht mehr dazu. DDR-Recht verebbte in jenem Jahr, dass das letzte des Staates sein sollte, das Strafrecht lief auf Sandbänke, die Richter trauten sich nicht mehr, zu verurteilen oder zu scheiden, trotz vernünftiger Gesetze kam es beinahe zu einem Stillstand der Rechtspflege. Keiner wollte einen Fehler begehen, der ihm später, nach Herstellung der Einheit, politisch auf die Füße fallen könnte.

Das alte BGB war im Jahre 1976 durch das neue Zivilgesetzbuch ersetzt wurden, im Wesentlichen eine Übersetzung in auch für Nichtjuristen verständliches Deutsch. Das Strafgesetzbuch der DDR von 1969 kannte den Mord, und auch der Diebstahl wurde nicht anders definiert als in anderen Rechtswerken. Wir hatten ein Familiengesetzbuch und ein Gesetzbuch der

Arbeit, was man in der Tat in der BRD nicht hatte. Die Juristen aus der BRD, mit denen wir es zu tun bekamen, räumten ein, dass unser Gesetzeswerk so schlecht nicht war, wie vorher angenommen (und später behauptet, um die These vom »Unrechtsstaat« zu stützen). Vor allem sei es leichter zu lesen. Davon jedoch wurde nichts übernommen: weder die Verständlichkeit noch die Klarheit, nichts.

Das einzige, wo wir uns erfolgreich behaupten konnten: die Verlängerung der Gültigkeit der Personalausweise und Reisepässe. Das aber war kein Zugeständnis an die DDR und ihre Bürger, sondern einzig dem Umstand geschuldet, dass die Bundesdruckerei nicht in der Lage war, 16 Millionen Personaldokumente in kurzer Zeit zu drucken.

Meinen letzten großen Auftritt hatte ich am 1. Juli 1990, dem Tag der Wirtschafts-, Währungs- und

Die Innenminister Diestel (DDR) und Schäuble (BRD) am 1. Juli 1989 am Grenzübergang Hönbach-Neustadt

Sozialunion. An jenem Sonntag verlor die DDR ihre staatliche Hoheit über die wesentlichen Elemente eines Gemeinwesens. Folgerichtig erübrigte sich auch die Personenkontrolle an der Staatsgrenze West der DDR. Dazu sollte am Grenzübergang Hönbach-Neustadt unweit von Sonneberg ein entsprechender Staatsvertrag von den beiden Innenministern unterzeichnet werden. Am Grenzübergang hatten unsere und die Grenzer aus Bayern eine Tribüne errichtet, zur Hälfte im Westen, zur Hälfte im Osten, ein Militärorchester sollte Beethovens Neunte spielen, während Schäuble und Diestel per Hubschrauber einflogen. Ich hatte meinem Innenminister die Rede geschrieben und sollte ihn mit dem Polizeihubschrauber in Leipzig abholen, doch wegen Nebels kam ich nicht über den Hohen Fläming.

Ich stieg in Belzig ins Auto um und raste mit der Rede und dem Vertrag über die Autobahn, auch PMD ließ sich mit Blaulicht transportieren.

Wir kamen pünktlich und waren bereits präsent, als Schäuble aus Bonn einflog.

Für die Rückkehr nach Berlin stellte uns das Grenzkommando einen Hubschrauber zur Verfügung.

Am 2. Oktober 1990 gingen im Innenministerium der DDR die Lichter aus.

Mein erstes Leben ging zu Ende. Karl Marx schrieb unter seiner Kritik des Gothaer Programms der deutschen Sozialdemokratie: Dixi et salvavi animam meam! Das reklamiere ich auch für den vorliegenden Text: Ich habe mein eigenes Gewissen beruhigt, indem ich eine Wahrheit ausgesprochen habe, gleich ob daraus Konsequenzen gezogen werden oder nicht.

ISBN 978-3-360-01826-7

© 2012 edition ost im Verlag Das Neue Berlin, Berlin
Umschlaggestaltung: Buchgut, Berlin, unter Verwendung
eines Motivs von Günter Kirsche
Illustration: Archiv Lauter, Robert Allertz S. 9, 167, 199, 206;
Robert Röske S. 219; Karl-Heinz Frank S. 221; Archiv edition ost S. 158, 215
Druck und Bindung: Aalexx Buchproduktion

Ein Verlagsverzeichnis schicken wir Ihnen gern:
Das Neue Berlin Verlagsgesellschaft mbH
Neue Grünstr. 18, 10179 Berlin
Tel. 01805/30 99 99
(0,14 Euro/Min., Mobil max. 0,42 Euro/Min.)

Die Bücher der edition ost und des Verlags Das Neue Berlin
erscheinen in der Eulenspiegel Verlagsgruppe

www.edition-ost.de